LES

DRAMES DE LA JUSTICE

CINQUIÈME ÉPISODE

Le MOULIN DES TRÉPASSÉS

PAR

RAOUL de NAVERY

LES DRAMES DE LA JUSTICE

(CINQUIÈME ÉPISODE)

LE

MOULIN DES TRÉPASSÉS

Par RAOUL DE NAVERY

CHAPITRE PREMIER

UN HOMME CONNU

Malgré le nom qu'il portait depuis plus d'un demi-siècle, le moulin d'Yves Tréguier n'avait point trop sinistre apparence. Bâti sur un monticule couronné de grands chênes, à côté d'un cours d'eau qui tombait en chantant sur les palettes de la grande roue, il paraissait multiplier d'incessants efforts afin d'arriver à faire oublier de quel drame sanglant il avait été le théâtre.

Un homme, poussé par un sentiment de haine furieuse, y avait pénétré jadis, et après avoir massacré à coups de couteau le meunier et la meunière, s'était jeté dans la petite rivière, où son corps, déchiré sous les aubes de la roue, fut retrouvé, rendu presque méconnaissable par ses nombreuses blessures.

Après la descente de la justice au moulin, l'enterrement des victimes et les lugubres formalités rendues nécessaires par ce double crime, suivi d'un suicide, le moulin, pendant de nombreuses années, ne trouva plus de locataire. La roue demeura immobile, la rivière coula sans bruit sous les saules, les chênes changèrent de feuillage, et les noyers étendirent leur ramure sombre. Un voile de deuil couvrit ce coin de terre, et les gens du pays ne l'approchèrent qu'à distance.

Le *Moulin des Trépassés* devint un lieu presque maudit.

L'étonnement fut donc grand dans le village des Murelles, quand, un matin, on vit tourner la grande roue immobilisée depuis tant d'années.

Des ouvriers commencèrent les réparations urgentes de la maison, un mobilier modeste y fut apporté, et l'on vit bientôt un homme d'environ vingt-cinq ans, et une jolie petite fille trébuchant encore sur ses pieds roses, tantôt sur la pelouse s'inclinant vers l'eau courante, tantôt à la fenêtre garnie de rideaux par la main prévoyante d'une vieille femme que le meunier avait prise pour soigner l'enfant.

Le nom d'Yves Tréguier fut la seule chose que l'on connut d'abord dans le pays. Ses vêtements noirs, sa profonde tristesse, l'absence d'une jeune femme firent supposer qu'il venait de perdre la mère de son enfant. Du reste, pendant les premiers mois de son séjour aux Murelles, il ne raconta sa vie à personne, et ne prit aucun voisin pour confident de ses regrets.

Le premier sentiment qu'il inspira fut une sorte de crainte.

Cet homme en deuil, au visage grave, dont le sourire n'entr'ouvrait jamais les lèvres, parut une sorte de problème vivant qui effraya les gens de l'endroit. On ne tarda point cependant à s'apercevoir qu'il se montrait secourable aux mendiants; la vieille Marthe en parla avec une sorte de compassion tendre; puis l'enfant ne tarda pas à attirer vers le père. Elle était si jolie la petite Rose Tréguier, avec ses cheveux châtains frisés sur un front d'une blancheur de lait, ses grands yeux bleus purs et questionneurs qui caressaient comme les gestes naïfs de ses mains à fossettes. Les femmes l'embrassèrent, les hommes la firent sauter sur leurs genoux, et, lentement, tous les habitants des Murelles apprirent le chemin du *Moulin des Trépassés*. Les prix d'Yves Tréguier étaient modérés, il travaillait en conscience; et à mesure que passaient les jours s'effaçait un peu sa morne tristesse.

Le rire de l'enfant réveillait le cœur du père

Une autre raison attira bientôt les gens des Murelles chez Yves Tréguier.

En Bretagne, le sentiment de la musique et celui de la poésie existent d'une façon puissante. Or, on acquit bientôt la certitude que jamais sonneur de biniou en renom dans les pardons et les assemblées n'avait possédé un talent comparable à celui d'Yves Tréguier. Loin d'en faire parade, il s'en cachait, et jouait la nuit, quand les portes se fermaient, et que l'on avait clos les volets des fenêtres.

Mais le charme des mélodies du meunier attira bientôt les curieux, les jeunes hommes le supplièrent de ne plus faire de la musique pour lui seul; les sonneurs des environs lui rendirent visite, et luttèrent avec lui, sans parvenir à l'égaler. Sa renommée ne tarda pas à se répandre, et s'il ne chercha point une satisfaction orgueilleuse dans des succès incontestables, il y puisa du moins une grande consolation.

A partir du jour où le *Moulin des Trépassés* devint le rendez-vous des sonneurs, Yves oublia davantage son deuil; il comprit d'ailleurs qu'il devait vivre pour sa fille et ne pas attrister sans fin l'enfance de Rose.

Celle-ci croissait comme une fleur. Son intelligence se développa vite dans un milieu intelligent; elle aussi se prit d'instinct de passion pour le talent de son père; tandis qu'il trouvait sur son biniou des mélodies originales, l'enfant les répétait d'une voix argentine, dont le son remuait le cœur du père en lui rappelant le doux accent de la jeune trépassée.

Rose devint avec le temps une fillette ravissante, puis la plus belle fille du pays. Elle garda son teint blanc, son pur regard, sa grâce printanière, mêlée à une saveur d'innocence et à une force d'âme qui doublait son charme sans qu'il fût possible de le définir.

La tendresse de Tréguier pour sa fille demeura assez forte pour l'empêcher de songer à un second mariage; il se voua tout entier à cette enfant. Jusqu'au moment où elle compta quinze ans, Tréguier vécut sans grande inquiétude de l'avenir. Il travaillait avec courage, mais sans montrer aucune ambition. Le désir de devenir riche entra dans son cœur le jour où Rose lui demanda :

— Père, dis-moi ce que tu penses de Gildas Kermoël?

— Gildas Kermoël, répondit Tréguier en regardant sa fille avec angoisse, c'est un beau et brave garçon. On dit qu'il fera un rude marin s'il continue à naviguer; mais je crois qu'après avoir passé sa fantaisie de visiter des pays lointains, il reviendra tranquillement vivre aux Murelles.

— Je le crois aussi, répondit Rose en souriant.

— Seulement . , reprit Tréguier.

Après, mon père... Pourquoi n'achevez-vous pas votre pensé' ?

— Jacques Kermoël est le plus riche fermier du pays.

— Ah! et vous, mon père ?

— Moi, je suis presque pauvre, ajouta Yves Tréguier.

— Mon père! mon père chéri! si vous aimez votre fille, si vous désirez son bonheur par-dessus toute chose, comme vous le lui avez dit souvent, devenez ambitieux et faites fortune.

Tréguier serra sa fille dans ses bras, sans lui répondre.

Huit jours après, il apprit qu'une petite ferme se trouvait à vendre près de son moulin.

En hypothéquant celui-ci, il trouva une somme suffisante pour solder le premier à compte de son acquisition.

Quand il se vit propriétaire d'une ferme de cinquante journaux, il éprouva un sentiment de joie mêlée de crainte. Hélas ! il ne tarda pas à connaître des soucis ignorés jusque-là. Il lui fallut chercher des valets, acheter des bestiaux, un matériel agricole, et quand l'exploitation de son bien se trouva en bon train, Yves était débiteur d'une somme relativement considérable.

Il est vrai que la créature qui la lui avait prêtée passait pour posséder des richesses mystérieuses, basées sur la sorcellerie d'abord, doublées plus tard, grâce à l'usure.

La Louvarde promit à Yves Tréguier de l'attendre s'il ne payait pas ses billets à échéance. Pendant deux années tout parut sourire au meunier : les blés furent magnifiques, les pommiers plièrent sous le poids des fruits. Tout fier de son succès, Tréguier régla ses deux premiers billets, et la vieille femme parut aussi enchantée que surprise de ce résultat inespéré.

Les affaires du meunier doublèrent, et Rose le paya de son ardeur au travail en multipliant les mots charmants et les caresses qui lui faisaient oublier le chiffre de la dette contractée envers la Louvarde.

Les soucis, qu'il cachait du reste le plus possible, n'empêchaient point Tréguier de jouer du biniou et de composer de nouveaux airs de danse. Sa renommée était devenue si grande, que la fête des Murelles ne tarda pas à devenir la plus belle des environs. Ceux qui n'y venaient point pour danser s'y pressaient pour entendre sur le biniou les mélodies nationales.

Le jour où commence ce récit, les Murelles étaient en liesse. Après les offices, la vente, dans le cimetière, des quenouillées de lin et des mottes de beurre offertes à l'église, la foule se dispersa sur la place du village, en attendant l'heure du bal.

En même temps, s'installaient sous des tentes de toile bise ou
d'immenses parapluies rouges des bimbelotiers vendant des épingles de laiton surmontées de houppes de laine de couleur, des mi-
roirs à main, des bouteilles de grains de coriandre roulés dans du
sucre, des lacets, des ceintures, des aiguilles et des mouchoirs.
Des femmes criaient des gâteaux, des sacs, des tamis de soie ou
de crin. Des colporteurs fixaient sur des cordes, à l'aide d'épingles
de bois, des images grossièrement coloriées, représentant des bus-
tes de femmes au-dessous desquels se trouvait un nom de fantaisie.
Les chalands circulaient. Les jeunes filles rompaient des gâteaux
avec leurs promis. Des chanteurs de complaintes répétaient d'une
voix triste et nasillarde le récit du dernier crime ayant grossi les
annales sinistres de la justice.

Au milieu des bimbelotiers et des chalands on vit bientôt se
promener, la boîte du porte-balle au dos, un robuste garçon à la
longue chevelure noire, au regard étincelant sous des prunelles
sombres. Il paraissait connaître tout le monde aux Murelles. Les
hommes âgés le regardaient d'assez mauvais œil, tandis que les
jeunes gens et les jeunes filles lui faisaient accueil comme à un
voyageur dont le retour est attendu avec impatience.

Jean Paramé parcourait à pied la Bretagne, d'un bout de l'année
à l'autre, vendant des livres, des chansons, des almanachs. Les
rebouteurs et les prétendus sorciers du pays prenaient ses volumes
de magie blanche et de sorcellerie diabolique : les jeunes filles, les
histoires dans lesquelles on parlait d'amour, et les garçons, les
cahiers renfermant des chansons qu'ils comptaient redire durant la
veillée, tandis que les femmes filaient ou dévidaient le lin et le
chanvre. Quelle était la moralité de ce voyageur qui ne possédait
d'autre revenu que celui de son petit commerce, d'autre toit que le
toit banal des auberges? Il eût été difficile de le préciser. Ceux qui
lui tendaient la main un jour d'assemblée ne lui eussent sans doute
pas ouvert leur maison. Il ne comptait réellement qu'une seule amie
dans le pays : la Louvarde.

La vieille femme avait connu son père, rebouteur qui avait joui
d'une grande réputation. En souvenir de ces relations qui dataient
de l'enfance, Jean Paramé ne manquait jamais, à chaque visite qu'il
faisait aux Murelles, d'entrer dans le logis de la Louvarde. Il déchar-
geait son épaule de sa boîte de porte-balle, ou ouvrait le double-
fond, et on tirait de cette cachette des livres d'astrologie, de recettes
apocryphes. les œuvres connues sous le nom de *Petit Albert* ou

Votre fiancée ! pas encore, dit une voix sèche et brève. (Voir page 11.)

Grand Albert, et les laissait à la vieille qui ne manquait jamais de lui dire :

— Je te revaudrai tes bons procédés, Jean Paramé, tu hériteras de moi.

Ce pouvait être une chose assez problématique l'héritage de la Louvarde. Jean Paramé était le premier à en rire, et cependant, il le savait, la Louvarde était riche ; seulement elle devait, suivant la manie de ses pareilles, enfouir son argent dans des cachettes ignorées, et si elle venait à mourir d'une façon subite, comme on ne lui connaissait ni parents ni héritiers, l'État lui-même se trouverait frustré de sa succession. Mais Jean Paramé était d'un caractère trop indépendant et trop peu intéressé pour se préoccuper de la vieille femme. Il l'aimait à sa manière et comptait bien lui remettre le jour même un de ces légers présents qui la satisfaisaient à la fois et dans sa curiosité et dans son avarice.

En ce moment, Jean Paramé, après avoir regardé à plusieurs reprises les fenêtres du *Moulin des Trépassés*, pour chercher s'il n'apercevait pas Rose Tréguier, allait se perdre de nouveau dans la foule, avec l'espoir de la rencontrer, quand il l'aperçut souriante, une branche de fleurs de genêt à la main, et venant de son côté sans l'avoir encore reconnu.

Le visage de Paramé changea subitement d'expression, une sorte d'inquiétude se trahit dans son regard, et il y avait encore plus de crainte que d'empressement dans sa démarche, quand il alla au devant d'elle.

— Vous êtes toujours plus jolie, lui dit-il, et dans aucun pays que je traverse, je ne trouve une fille qui vous vaille.

— Jean Paramé, répondit Rose, je n'aime point les compliments, vous le savez, je crois même vous avoir défendu de m'en faire.

— En ce cas, répondit Jean, vous ne ressemblez guère à vos amies.

— Mes amies agissent comme elles veulent, et moi comme me l'ordonne mon devoir.

— Vous vous l'exagérez peut-être, Rose ; il n'est jamais défendu à une jeune fille, si modeste, si vertueuse qu'elle soit, d'écouter un homme dont les projets sont honnêtes.

— Je ne vous épouserai jamais, Paramé.

— Je sais, dit le colporteur, que l'on raconte sur moi bon nombre de choses, dont la moitié est fausse, et l'autre exagérée. On me reproche ma vie errante, qu'exige la nature de mon commerce. Que voulez-vous, Rose, pendant les années fougueuses de ma première jeunesse, il m'eût été impossible de rester dans le même village, occupé à labourer puis à ensemencer le même champ. J'avais besoin d'air et d'espace. Il me semblait que jamais je ne verrais assez de pays. Cependant, quand je revins aux Murelles le cœur me battait fort ; je crois, Dieu me pardonne ! que plus d'une fois je me suis senti des larmes dans les yeux. Et puis, sans que je sache comment, à chaque anniversaire de la fête du pays, grandissait mon bonheur de le revoir. Je finis par comprendre que ce pays, je l'aimais surtout depuis que vous êtes devenue grande et belle, depuis que je songe à changer de vie, si vous voulez bien m'aimer un peu.

— Je vous tromperais si je vous donnais semblable espérance, monsieur Jean.

— Vous craignez peut-être avec moi la pauvreté, la vie errante. Rassurez-vous, je possède des économies; le fond de mon sac ne renferme pas que des livres de magie pour la Louvarde. Je l'ai doublé de quelques bons billets de banque, que je destine, si vous ne me repoussez point, à l'acquisition d'une petite propriété. Je me ferais fermier en me mariant et il me semble que je serais pour vous le meilleur des maris.

Rose Tréguier secoua la tête.

— Renoncez à cette espérance, Jean Paramé.

— Vous êtes décidée?

— Irrévocablement décidée.

— C'est dommage! répondit le porte-balle, mais j'ai l'amitié robuste, et je continuerai à espérer, jusqu'à...

— Achevez, Paramé !

— Jusqu'à ce que vous en ayez épousé un autre.

Une vive rougeur colora les joues de la jeune fille, et cette rougeur n'échappa point au regard du porte-balle. Au même moment Yves Tréguier sortit du moulin, et Jean Paramé courut à lui.

Le meunier ne professait point une grande estime pour le colporteur : il en avait entendu dire trop de mal pour en faire son ami; mais les jours de grande fête il n'était pas fâché de choquer son verre contre le sien et de lui entendre dire des chansons nouvelles. Le porte-balle savait tant d'histoires, il causait avec une si joyeuse humeur et semblait si heureux de revoir Tréguier, que cette flatterie ne laissait point le meunier insensible. Paramé lui parlait des fêtes qu'il avait vues, des grandes sonneries de binious auxquelles il avait assisté. Il lui citait les noms des musiciens les plus habiles et finissait toujours par lui accorder la suprématie. Jean Paramé devait à sa vie errante des connaissances plus variées que celles de ses voisins; Tréguier, dont l'instinct musical touchait presque, par son originalité, à une sorte de génie rustique, puisait dans la conversation de Paramé de vives et rares jouissances. Sans doute il n'eût jamais songé à en faire son gendre, mais peut-être, s'il avait entendu les promesses de Jean, eût-il conseillé à sa fille de lui répondre par un refus moins formel.

Les paroles de Jean Paramé, sans troubler Rose, l'avaient reportée vers un souvenir.

La rougeur dont son front s'était couvert pendant qu'elle écoutait Paramé resta sur son visage; une larme furtive roula sous sa paupière, et à partir de ce moment, assise sur une large pierre à demi ombragée par des branches fleuries, elle demeura invisible, la tête dans ses mains, pleurant sans bruit, tandis qu'au loin grandissait le tumulte de la fête.

Elle ne vit donc point venir un beau jeune homme à la démarche légère, dont le franc visage, bruni par le soleil, dévoilait mille qualités de générosité et de courage. Sa bonté rayonnait dans son regard, elle adoucissait la courbe de ses lèvres. Ses longs cheveux noirs ajoutaient de la grâce à la mâle beauté de sa physionomie. Il s'avançait rapidement, comme si son cœur le pressait d'arriver vite.

Plus d'une fois son regard interrogea le seuil ou la fenêtre du moulin, et sa désillusion se trahit sur sa physionomie mobile en voyant la porte fermée et les rideaux soigneusement tirés.

Quand il arriva près du berceau fleuri sous lequel Rose s'était réfugiée, il s'arrêta d'abord surpris, puis ému d'entendre des sanglots. La discrétion le retint d'abord, mais une sorte d'angoisse lui étreignit le cœur, et, rapidement, écartant les branchages, il se trouva en face de la fille de Tréguier.

Rose, dit-il, ma chère Rose!

La jeune fille leva la tête, regarda le jeune homme à travers ses larmes, puis se levant elle lui tendit les deux mains.

— Vous revenez donc? lui dit-elle.

— Ah! Rose, vous n'avez douté ni de mon retour ni de ma tendresse, je l'espère. Vous savez que j'ai quitté les Murelles, poussé par le désir et le besoin de me créer une situation personnelle. Mon père s'obstinait à vouloir me faire épouser Marie la Rousse, et pour échapper à ce malheur, je me suis embarqué. La fortune de mon père lui ayant permis de me faire faire des études suffisantes, j'ai pu être reçu à bord d'un bâtiment marchand en qualité de second. Ma situation, sans être brillante, est suffisante tout au moins, et je reviens vous demander si vous m'avez gardé votre foi?

— Gildas, répondit la jeune fille, le cœur qui s'est donné ne saurait se reprendre, je mentirais si j'essayais de vous persuader que je ne vous aime plus... Mais je vous tromperais également, si je ne vous avouais point que j'ai réfléchi...

— A quoi, Rose, à quoi pouvez-vous réfléchir quand nous nous aimons?

— A ceci : nous entrerons dans le mariage par une mauvaise
porte, si votre père refuse de m'accueillir comme sa fille.

— Mon père! Ne savez-vous point qu'il n'a qu'un Dieu : l'argent.
Il lui a sacrifié le bonheur, je dirai presque la vie de ma mère; il
ferait de moi une seconde victime, si je lui permettais de placer les
écus au-dessus des sentiments. Cette Marie la Rousse, dont il pré-
tendait faire ma femme, est presque odieuse à mes yeux. Sa laideur
ne saurait être effacée par le chiffre de sa dot. Anguleuse de
traits, de taille, de caractère, elle me rendrait le plus malheureux
des hommes : mais mon père ne peut le comprendre, et à tous mes
refus comme à mes observations, il n'a pas cessé de répondre :
« L'amour n'est pas nécessaire dans le mariage : il suffit d'avoir
des intérêts solides. » Non, Rose, ma chère Rose, le mariage, cette
union sainte et sacrée, doit être la fusion de deux tendresses, de
deux pensées, de deux dévouements. Le cœur de l'un doit répondre
aux battements du cœur de l'autre. Si je demandais une dot à mon
père, je comprendrais qu'il s'opposât à mes vues; mais je ne réclame
rien, pas même l'héritage de ma mère; cependant la moitié de la
richesse dont mon père est si fier m'appartient de droit. Je n'userai
de mon vouloir que pour obtenir la permission d'être heureux... Oh! je
sais ce que vous allez m'objecter encore : vous êtes pauvre! Ah! tant
mieux, Rose! Vous ne savez pas quelle joie c'est pour un homme
vaillant de gagner le pain d'une femme adorée; quelle saveur donne
à la félicité intime du ménage la joie de besogner pour apporter
l'aisance et la joie à son foyer. Ne craignez rien: d'ailleurs j'ai
gagné quatre mille francs pendant mon premier voyage, ils suffiront
pour notre installation et les bijoux dont je veux que vous soyez
parée. Dites, Rose, ma chère Rose, m'autorisez-vous à demander
aujourd'hui votre main à votre père?

Rose tendit la main à Gildas Kermoël, cette main où brillait l'an-
neau d'or que le jeune homme lui avait offert à la fête précédente.

— Ma belle! ma chère fiancée! fit Gildas.

— Votre fiancée! pas encore! dit une voix sèche et brève dont le
son fit tressaillir les jeunes gens. Est-ce ainsi que vous ob-
servez les égards dus à votre père? demanda le vieux Kermoël en
posant sa main osseuse sur l'épaule de son fils. Vous revenez d'une
longue traversée, et votre première visite est pour le moulin de
Tréguier. La maison dans laquelle vous avez reçu la vie est-elle
donc écroulée? Suis-je déjà au cimetière que vous n'avez personne
à voir que dans ce moulin! Je vous ai défendu d'y mettre les pieds;

je vous ai interdit de garder l'espoir d'épouser cette fille! Rose Tréguier, la femme de Gildas Kermoël! belle combinaison, vraiment! Heureusement je suis là pour la déjouer. Je ferai plutôt poursuivre cette créature, en l'accusant de vous détourner de vos devoirs envers moi, que de l'accepter pour bru.

— Monsieur, dit Rose d'une voix suppliante, monsieur, je ne suis pas coupable. Tout à l'heure encore, je suppliais Gildas de vous obéir, d'épouser Marie la Rousse; je pouvais en souffrir beaucoup, cependant d'avance j'étais résignée.

— Croyez-vous que je sois dupe de cette affectation de respect et de désintéressement? A d'autres, la belle! Gildas est le plus riche garçon du pays, et Dieu sait où en sont les affaires de votre père..... La fortune de mon fils viendrait à point pour les rétablir; mais je suis là, je veille... Venez, Gildas, venez, je le veux.

Le jeune homme parut hésiter; le regard suppliant de Rose lui commanda l'obéissance.

Au même moment les sons du biniou éclatèrent, et jeunes gens et jeunes filles s'élancèrent du côté où devaient commencer les danses du pays.

Certes, Rose ne se sentait guère disposée à se mêler à ces plaisirs bruyants, mais en ce moment elle craignait de voir son père: il eût vu qu'elle avait pleuré, et Rose tenta de dissimuler sa douleur en rejoignant ses jeunes amies.

— Sans rancune, mademoiselle Rose, lui dit Jean Paramé, et ouvrons le bal ensemble.

La jeune fille accepta le bras du colporteur.

726

Prends garde! Rose, entre toi et Gildas il y aura un cadavre. (Voir page 21.)

CHAPITRE DEUXIÈME

LA LOUVARDE

S'il n'avait osé désobéir en face à son père, et lui affirmer la sincérité et la violence d'une affection que tout obstacle devait enraciner dans son cœur, au lieu de travailler à la détruire, Gildas ne se sentit point le courage de rester près de Jacques Kermoiil. Risculer en ce moment était impossible; la froideur rigide du premier ne permettait pas de lutter contre ses préventions ou son avarice. Gildas s'éloigna donc et prit à travers le bois de chênes, tandis que le vieux Jacques, la tête basse, l'esprit préoccupé, la lèvre irritée, se dirigeait du côté de sa demeure.

Absorbé par les pensées de colère et de haine que soulevait en lui la révolte du jeune marin, il ne vit point venir une créature maigre, jaune, parcheminée, qui se dressa devant lui comme une apparition, et posa sur son épaule une main décharnée.

— La Louvarde ! fit-il en tressaillant.

C'était, en effet, cette femme étrange et redoutable qui fixait sur lui sa prunelle jaune, éclatante, semblable à celle des félins.

Elle le regarda un moment sans rien dire, et parut savourer avec une jouissance infinie le trouble dans lequel son apparition venait de jeter le fermier.

La Louvarde, semblable aux méchants esprits dont la venue prédit un malheur, ne franchissait jamais impunément le seuil d'une maison, n'adressait jamais sans cause la parole à un habitant du village. On ne se rappelait point qu'elle eût été pour un seul une messagère de bonne nouvelle, mais on se souvenait avec effroi qu'à l'avance elle avait prédit dans les familles le désespoir et la misère.

Deux raisons faisaient de la Louvarde une personnalité terrible, dans un pays où la crédulité est grande, où la fortune est rare.

Nul ne doutait que la Louvarde plongeât un regard curieux et coupable dans les mytères de la vie occulte.

Elle évoquait les trépassés, disaient les uns; elle découvrait les voleurs en secouant du grain dans un tamis de soie; faisait sourdre des sources en frappant le sol de sa baguette de coudrier. On ajoutait qu'elle guérissait les maladies les plus invétérées en récitant de mystérieuses paroles, auxquelles elle joignait l'application de remèdes composés par elle à certaines dates lunaires et à l'aide d'herbes étranges dont elle seule connaissait les propriétés. Les plus vieux du village, les moins crédules peut-être, affirmaient que la Louvarde avait jadis découvert un trésor enfoui au temps de l'émigration; que ce trésor, base de sa fortune, lui avait servi pour ses premières opérations usuraires, et qu'elle devait à cette heure posséder de grosses sommes dont nul ne connaissait le chiffre.

La Louvarde habitait un logis accoté à un menhir gigantesque. Cette masse colossale soutenait une demeure grossièrement bâtie en pierres inégales. Deux ou trois bahuts couverts de poussière, une armoire en noyer, une couchette, une table et quelques escabeaux composaient son mobilier. Elle affectait d'en laisser souvent la porte ouverte, afin de prouver qu'elle ne redoutait pas les voleurs.

Ce n'était point sans motifs que La Louvarde avait choisi pour y demeurer ce coin de landes dominé par une pierre druidique, autour de laquelle les genêts fleuris ondulaient en été, semblables à une nappe d'or pâle, et frissonnaient en hiver avec un bruit sec, quand un vent âpre froissait leurs tiges desséchées.

Une sorte de crainte superstitieuse s'attache encore aux dolmens et aux menhirs de Bretagne.

Les esprits follets et les fées dansent autour leurs rondes fantastiques. Ils distribuent des trésors en échange d'une âme vendue, et peu de gens se hasardent à courir le risque de les rencontrer durant les nuits noires.

Les secrets de la Louvarde se trouvaient protégés par la terreur qu'inspiraient les poulpiquets, les fées et les korrigans.

Devait-elle à la pratique illégale de la médecine, à sa science de rebouteuse, à ses prédictions, à ces momeries de sorcière, la richesse dont elle jouissait? Nul n'aurait pu l'affirmer d'une façon positive. La seule chose indiscutable était l'existence de cette même fortune. Sans doute la Louvarde ne faisait point de grandes dépenses : elle vivait chichement, se refusait même le nécessaire, à moins qu'elle le dût à la reconnaissance de ceux qu'elle avait obligés; mais jamais un emprunteur promettant des sûretés sérieuses ne se présenta chez elle sans en emporter des écus. Combien payait-il d'intérêt pour la somme avancée par l'usurière? Il se gardait de le dire, dans la crainte d'être l'objet d'une vengeance persistante. La Louvarde exerçait donc son métier de marchande d'argent sans aucun danger.

De temps à autre, la saisie mise chez un de ses anciens clients la rendait propriétaire d'une terre, d'un coin de bois, d'une prairie. Elle louait les champs et ne paraissait plus s'en occuper avant le jour où se touchent les fermages. Mal en eût pris à qui n'aurait point exactement payé la Louvarde. On savait ne devoir attendre aucune pitié de la vieille femme et l'on ne lui en demandait aucune.

Depuis la veille de la fête, la Louvarde semblait sous le coup d'une préoccupation visible. On venait d'annoncer la vente d'une portion de terrain touchant à la lande sur laquelle était bâtie sa maison. La convoitise flambait dans son cerveau. Elle avait décidé que ce bien lui appartiendrait, et, le soir, elle s'était rendue à la ferme de Kermoël, dans l'espérance d'y rencontrer le vieux Jacques.

Celui-ci se trouvait à la ville voisine, et la Louvarde se décida a le chercher au milieu de la fête. Il ne manquait jamais d'y venir, cert.in d'y trouver ses parents, ses amis et les gens des environs à qui il vendait soit son bétail, soit ses grains. ·

Quand la Louvarde vit Gildas près de son père, elle se garda de s'approcher des deux hommes; mais à peine s'étaient-ils séparés que l'usurière se dirigea vers Kermoël.

— Que voulez-vous? lui demanda celui-ci en tressaillant.

— De quelle voix et de quel air vous m'adressez cette question, Kermoël! Ne sommes-nous plus sinon amis, du moins alliés? Pouvez-vous faire qu'il n'existe pas entre nous un lien que rien ne saura rompre? En vérité, plus je vis, et je suis déjà bien vieille, plus je m'étonne de vous voir si froid, presque si menaçant chaque fois que je vous aborde.

— C'est que, répondit le fermier, vous n'avez jamais à m'entretenir que de choses sinistres.

— Vous vous trompez, Kermoël; je suis capable de vous rendre service.

— Vous?

— Moi. Pourquoi pas? Serait-ce donc la première fois? Vous savez déjà que je sais me taire, vous apprendrez que je puis agir. Je sais bien que vous niez ma science divinatoire, et cependant je sais pourquoi vous êtes irrité. Vous voulez que Gildas épouse Marie la Rousse, tandis qu'il est amoureux de la jolie fille du meunier. Il faudrait détruire cet amour-là et briser un projet de mariage que vous ne saurez empêcher si Gildas y met de l'entêtement; car Gildas a vingt-cinq ans, et la loi a prévu le cas où les pères intéressés défendraient à leurs fils d'épouser des filles pauvres. La loi est bonne mère quelquefois. Elle a ses heures de bonté et ses moments de revanche implacable. La loi protège donc Gildas contre vous.

— Est-ce pour me dire ces choses que vous êtes venue me trouver?

— Pas absolument; mais puisque ce mariage vous déplaît si fort unissons nos efforts pour le rompre. De mon côté, loin de me mettre du parti de votre fils, je soutiens les intérêts de Jean Paramé, un garçon un peu fou, un peu dépensier, mais que la vie de ménage calmera, et qui fera, je l'espère, un excellent mari. Donc, pour cette première affaire, nous nous entendons. Je veux que Rose de-

vienne la femme de Paramé. Si je réussis, vous êtes délivré de la
crainte de voir votre fils épouser la fille de Tréguier.

— Quelles sont vos conditions, la Louvarde?

— Je tiens d'abord à vous parler de vos propres affaires; il sera
temps plus tard de vous entretenir des miennes. Soyez tranquille,
je vous servirai relativement au mariage de Gildas.

— Je m'en montrerai reconnaissant, la Louvarde.

— C'est ce que nous allons voir, répondit celle-ci.

Ses prunelles jaunes brillèrent de l'éclat de l'or, et un singulier
sourire erra sur ses lèvres.

On eût dit qu'elle venait de tendre un piège dans lequel le fermier,
tout habile qu'il fût, s'était laissé prendre. En commençant par
offrir son intermédiaire et ses bons offices, elle disposait mieux
Kermoël à entendre ce qui lui restait à dire. Assez hardie pour jeter
en face une menace, elle gardait souvent des finesses de paysanne
et commençait l'entretien comme les gens lettrés commencent une
lettre, en gardant la chose importante pour la fin.

— En vous promenant le long de votre saulaie, lui dit-elle, avez-
vous vu les champs de Ligou, le petit fermier? De bonnes terres,
mal cultivées, mais qui vaudraient gros entre les mains d'un propriétaire habile. Elles sont juste sur la lisière de ma lande et de
mes champs de sarrasin, et j'ai grand désir d'en devenir propriétaire.

— Achetez-les, répondit froidement Kermoël.

— C'est bien mon intention; j'éprouve seulement une difficulté.

— Laquelle?

— L'argent me manque.

— C'est un malheur, quand on souhaite acquérir.

— Seulement, reprit la Louvarde, il me reste une ressource. J'ai
obligé tant de gens dans le pays!

— Obligé, oui, obligé..., répéta Kermoël avec amertume, et
sans intérêts, n'est-ce pas?

— Ceci est autre chose. Rendre service et n'en retirer aucun
profit serait une duperie. Les uns vivent de leur travail, quelques
autres de leur intelligence; moi, je place sur les vices de mes semblables, et je suis certaine de ne pas faire une mauvaise combinaison. Je me suis montrée dévouée à vos intérêts, Kermoël!
j'espère que vous serez soucieux des miens, et que vous m'avan-
cerez les dix mille francs qu'il me faut.

— Dix mille francs! répéta le fermier; vous me demandez dix
mille francs?

— Je suis raisonnable, répondit la Louvarde : j'en pourrais
exiger le double. '

— Exiger ! Exiger !

— Oui, reprit la vieille femme, et vous me les donneriez comme
jadis vous m'avez remis ce qu'il m'a plu de vous demander.

— J'ai été sot, stupide, fou ! dit Kermoël dont l'avarice éveillée
excitait la colère. A la première de vos exigences, la Louvarde, si
j'avais eu le courage de me révolter, vous auriez cessé de me poursuivre de vos demandes.

— Peut-être, dit la vieille femme ; mais comme vous n'êtes point
si fou qu'il vous plaît de le dire, vous avez compris que votre véritable intérêt était de me céder.

— Vous vous montriez raisonnable alors. Votre pauvreté se
contentait de peu. A mesure que l'aisance est venue, vous avez
redoublé d'exigence. Le chiffre des sommes que vous m'arrachiez
grossissait en proportion de ma faiblesse. Maintenant, vous êtes
riche, la Louvarde, plus riche que moi, et cependant vous restez
insatiable. A mesure que grandit votre mystérieuse opulence, ma
fortune décroît. Si je vous écoutais encore, vous finiriez par absorber
mes champs et mes bois. Peut-être viendrais-je à votre aide si vous
manquiez du nécessaire ; mais soyez convaincue que je ne vous
remettrai point les dix mille francs pour acheter les terres que vous
convoitez.

— En êtes-vous sûr ? demanda la Louvarde.

— Oui, répondit Kermoël en frappant du pied.

— Le pacte est rompu entre nous !

— Renouez-en un autre avec le diable.

La Louvarde poussa un éclat de rire.

Le sonneur de biniou venait de s'arrêter, la chaîne du bal s'était
dénouée. Les filles rouges de joie, les garçons altérés quittaient le
théâtre de la danse. On entoura les énormes fûts de cidre entamés
pour la fête, et la liqueur d'or étincela dans les verres.

En général, la jeunesse des Murelles ne s'épouvantait pas autant
que les vieillards de la présence de l'usurière. La vieille femme
vendait des philtres aux amoureux, des amulettes aux gars qui re-
doutaient le service militaire. Elle connaissait mille recettes de
drogues entretenant la blancheur de la peau et le lustre de la chevelure. La plupart des filles avaient vu chez elle des tarots couverts
de figures bizarres dont la disposition imprévue lui inspirait des
horoscopes souvent justifiés par les événements. La jeunesse, qui

n'a rien à faire avec l'usure, s'inquiète grandement des choses du cœur, de la coquetterie et du mariage. Tout en pressurant les pères, la Louvarde obligeait les enfants. Aussi bon nombre des danseurs l'entourèrent-ils avec une sorte d'empressement.

— La Louvarde, regardez la paume de ma main et tirez-moi la bonne aventure, dit une jeune fille.

— Apprenez-moi si mon fiancé est fidèle, ajouta une autre.

— Serai-je mariée avant la fin de l'année ? demanda la dernière

— Là, là, ne parlez pas toutes à la fois comme des colombes sauvages, dit la vieille femme; chaque chose a son temps. Si vous voulez connaître vos destinées, venez me trouver dans ma maison branlante, et je vous révélerai l'avenir. Ici je puis vous vendre des fioles pour entretenir l'éclat du teint, des parfums pour vos coiffes de dentelles, ou vous dire des histoires à faire trembler. Je vends mes drogues et je ne prends rien pour mes histoires.

— Oh! la Louvarde, quelque récit bien sombre, où il y ait des revenants, dit la petite blonde qui craignait d'être trahie par son amoureux.

— Une aventure de voleurs et d'assassins, ajouta la brune qui voulait être mariée dans l'année.

— J'en sais justement une terrible, reprit la Louvarde en fixant ses prunelles jaunes sur Kermoël, une histoire de voleurs et d'assassins... Le crime fut commis sur la lande que j'habite, il y a de cela vingt-quatre ans, et le sang de l'homme tué près du menhir a laissé sa rouille sur la pierre... »

Kermoël détourna la tête comme s'il ne pouvait supporter l'éclat des prunelles de la Louvarde.

— Bien m'en prend de n'être point peureuse, reprit la vieille femme, car depuis la nuit du meurtre le fantôme de l'homme assassiné revient dans la lande et crie à la lune blafarde :

« Qui me vengera? Qui me vengera? »

— Ce fut une horrible chose que le meurtre de ce voyageur... J'en ai été témoin, et j'ai fait dans le temps ma déposition à la justice... L'assassiné était un homme étranger au pays, un riche marchand revenant d'une foire dans le voisinage. Il portait sur lui soixante mille francs, et il eut le tort de les montrer dans l'auberge où il s'arrêta pour souper. Quand il apprit au cabaretier qu'il s'en irait le soir à travers la lande déserte, celui-ci lui conseilla de se méfier des esprits malins qui jouent plus d'un mauvais tour et poussent les âmes à la damnation; mais le marchand se mit à rire et reboucla sa ceinture...

Jacques Kermoël, qui lentement s'était rapproché de la Louvarde, lui dit alors d'une voix tremblante :

— Votre histoire est trop lugubre pour cette jeunesse; à quoi bon raconter des drames sanglants à des filles qui vont retourner à la danse?

— Non! non! Continuez! reprirent en chœur les garçons.

La Louvarde reprit :

— Il faisait une nuit bonne pour consulter les étoiles du ciel et cueillir des herbes à la clarté de la lune; je veillais, debout sur le seuil de ma porte. Tout à coup, j'aperçus un homme traversant la lande; il était seul et marchait sans se presser. La lune brillait comme de l'argent, et il m'était facile de distinguer la taille de l'étranger, et même son visage doux et tranquille. Sûrement cet homme n'avait rien sur la conscience. Soudain, à quelques pas du menhir, les genêts s'agitèrent, de la touffe la plus haute un homme s'élança et fondit sur le marchand comme sur une proie... Un couteau brilla dans la nuit, et, d'un seul coup, l'assassin l'enfonça dans la poitrine du marchand.

— Assez! assez! dit Kermoël à la Louvarde.

Celle-ci le regarda en face et lui glissa à l'oreille :

— Mes dix milles francs?

— Je te les porterai ce soir.

— Je savais bien que tu finirais par devenir raisonnable.

Elle reprit à voix haute :

— Je vis tomber le marchand de toute sa hauteur; mais, au même instant, la lune se cacha derrière les nuages, et quand elle reparut, l'assassin n'était plus là.

— Et vous ignorez son nom, la Louvarde?

— J'eus des soupçons, mais je ne me crus pas le droit d'accuser, et à moins qu'une circonstance nouvelle se présente, je me tairai comme je me suis tue.

Le sonneur de biniou reprit ses airs de danse, et les auditeurs de la Louvarde s'éloignèrent deux par deux.

Une seule jeune fille resta près de la sorcière : c'était Rose Tréguier.

Quoiqu'elle ne fût pas superstitieuse, le trouble de son esprit lui faisait souhaiter d'entendre une parole rassurante pour l'amour qui couvait dans son cœur.

Certes, la Louvarde l'effrayait ; maintes fois, devant elle, on avait parlé de son double trafic d'usurière et de magicienne. Certaines gens affirmaient qu'elle jetait des sorts et disposait à la fois de la fortune et de la considération des familles ; mais l'angoisse née de certaines situations rend fortes les natures les plus timides. Devinant quelle lutte allait soutenir Gildas contre l'avarice de son père, Rose Tréguier, poussée par l'impérieux besoin de soulever le voile de l'avenir, s'avança vers la vieille femme, qui se mit à rire d'une façon discordante.

— Approche ! approche, ma fille ! lui dit-elle de sa voix de sauterelle ; je savais bien que tu y viendrais, et que ta petite main blanche reposerait un jour entre mes griffes... Quand le cœur des filles se prend, leur raison s'envole ; la raison l'éloignait de moi, ta tendresse pour Gildas te ramène. Je ne te blâme point. Sans que tu t'en doutes et que tu en découvres la trace sur mon visage parcheminé autour duquel flottent des cheveux gris, j'ai eu comme les autres la fleur de mes seize ans, et de ce souvenir, si lointain qu'il soit, m'est restée une profonde pitié pour la jeunesse. Je te parlerai suivant mes lumières ; ne crains rien, Rose, et donne-moi tes doigts pour que je lise ta destinée dans les lignes de ta main.

La fille du meunier obéit en tremblant.

— Amours contrariées, dit la vieille en hachant ses mots, fiançailles rompues... Ce n'est pas tant le cœur qui change que la destinée... Prends garde, Rose, prends garde ! Entre toi et Gildas il y aura un cadavre...

Un cri d'épouvante s'échappa des lèvres de Rose ; elle étendit les bras dans le vide, et si Tréguier, qui venait de ce côté, ne s'était élancé pour la soutenir, elle serait tombée sur le sol.

Un mot, un regard du meunier retinrent la Louvarde à sa place.

Tréguier déposa sa fille sur le bord de la rivière, prit de l'eau dans le creux de ses mains, en mouilla les tempes de l'enfant, couvrit son front de baisers ; puis, quand il la vit ranimée, il la confia à deux de ses amies et revint à grands pas vers la Louvarde.

— Je t'avais interdit d'affliger ma fille en lui parlant de mes affaires, dit-il d'une voix brève.

— Aussi ne lui ai-je parlé que des siennes.

— Des siennes ? répéta le meunier, quelles affaires peut avoir ma fille ?

— Tu songes à ta fortune, elle à son mariage.

— A son mariage ?

— Elle aime Gildas de toute son âme.

— Gildas Kermoël? Ne l'a-t-elle donc pas oublié?

— Elle ne l'oubliera jamais, et cependant le riche Kermoël n'acceptera jamais Rose dans sa famille.

— Rose est belle autant que sage! dit le meunier avec un bel élan d'amour paternel.

— Rose est pauvre, et son père a fait des folies capables d'entraîner plus que la ruine! Tu te souviens de nos conventions, une partie de la somme que je t'ai confiée pour l'acquisition des champs de Ligou me doit être versée demain. Seras-tu en mesure de me payer?

— Non, répondit Tréguier; tu le sais depuis quinze jours.

— On peut essayer de gagner du temps et trouver de l'argent le jour où un huissier apporte du papier timbré.

— Tu m'en enverrais, toi, la Louvarde?

— Et pourquoi pas? Je vis de mon argent, de mes revenus, de ma clientèle... L'huissier de Vannes est prévenu, demain tu auras un protêt si je ne suis pas payée.

— Ah! s'écria Tréguier, si tu avais l'audace de faire semblable chose...

— Eh bien? demanda froidement la Louvarde.

— Je me vengerais! oui, je me vengerais d'une façon cruelle. Un protêt, une saisie seraient pour moi le déshonneur. J'ai pu me montrer imprudent en devenant acquéreur des terres de Ligou. Mais je devais songer à la dot de ma fille et tout préparer pour qu'elle épousât l'homme de son choix, Gildas Kermoël. Le fermier ignore que je te dois de l'argent, sois tranquille, la Louvarde, je solderai tout. On me doit des sommes importantes. Les ajustements de Rose me coûtent cher. Quand elle sera mariée je me libérerai vite.

— Gildas n'est pas le seul qui la demande en mariage.

— Quel autre donc?

— Jean Paramé.

— Un assez bon enfant, peut-être, mais un paresseux.

— Que je protège.

— Toi?

— Moi!

— Paramé n'est pas riche.

— Qui sait, dit la Louvarde avec un rire sinistre, s'il ne vaudra pas bientôt mieux être à sa place qu'à celle de Gildas Kermoël. Accorde ta fille à Paramé, et je te donne du temps.

— Toi-même avoues qu'il ne possède rien; quel intérêt te pousse à le soutenir?

— Quel intérêt? le voici : depuis plus de cinquante ans je vis aux Murelles dans le mépris de tous. Pas une maison ne s'ouvre pour moi. On ne m'a jamais invitée à un festin de noce ou de baptême, comme si je devais jeter un mauvais sort sur les époux ou sur le nouveau-né. J'ai vécu dans une solitude dérangée plus que distraite par les visites intéressées des gens qui avaient besoin de moi. Celui-ci voulait le moyen de se venger d'un ennemi, cet autre la possibilité de devenir riche, le dernier une recette pour se faire aimer ; les plus nombreux me demandaient de l'argent. Mais pas un, après avoir reçu ce qu'il souhaitait, ne m'en a témoigné de reconnaissance. Seul, Paramé ne m'a jamais rien demandé, et en souvenir de son père, il m'a souvent offert de menus cadeaux, dont j'avais soin de ne le point payer, afin de voir jusqu'où pouvait aller son amitié pour moi. L'épreuve est faite; je me mets du côté de Paramé contre Gildas. Du reste, quand même j'agirais autrement, l'union que souhaitent à la fois Rose et le jeune Kermoël n'en serait pas moins impossible. Parle à ta fille; si tu veux échapper à la ruine, marie-la à Jean Paramé, que je ferai riche; sinon, demain l'huissier de Vannes franchira le seuil du moulin.

Tréguier leva son bâton.

La vieille femme poussa un cri de terreur qui fit accourir Paramé et une douzaine de curieux.

— Vous êtes tous témoins, dit la Louvarde en faisant un geste circulaire, que Tréguier m'a menacée, et s'il m'arrivait malheur...

— C'est que le diable t'aurait tordu le cou dans la lande, sorcière maudite ! s'écria Tréguier. Va-t'en d'ici, ruineuse de familles et jeteuse de sorts, car je ne sais jusqu'où pourrait me porter ma colère.

Rose se jeta en pleurant dans les bras de son père qu'elle désarma, tandis que Jean Paramé entraînait la Louvarde.

— Merci, dit la vieille femme au colporteur, quand tous deux se trouvèrent à quelque distance du moulin; tu as toujours été bon pour moi, il est temps que je t'en témoigne de la reconnaissance... Oh! tu n'as pas besoin de m'assurer de ton désintéressement, je le connais... D'ailleurs, ce que je vais te donner tu n'en feras pas usage tout de suite.

— Me légueriez-vous donc les peaux de couleuvre dans lesquelles vous enfermez vos louis d'or ? demanda Paramé d'une voix rieuse, dans laquelle ne vibrait aucune convoitise.

— Non, répondit la Louvarde ; mais ce que je te léguerai vaudra pour le moins tout ce que je possède en argent neuf et en or trébuchant. Tu vas repartir pour aller Dieu sait où... Je suis vieille et tu le vois, Paramé, je compte des ennemis... Si quand tu reviendras dans le pays, tu trouves ma cabane fermée, fouille au pied du menhir, du côté où la pierre porte gravés des caractères que savent lire les vierges de l'île de Sein, prends un rouleau de fer blanc rempli de papiers, et fais des pièces que tu y trouveras tel usage qui te conviendra. Il y a là-dedans une fortune et le moyen d'empêcher Gildas de devenir jamais le mari de Rose Tréguier.

— Merci, répondit Jean Paramé avec une sorte d'ironie, merci de vos legs. Je souhaite que vous viviez le plus longtemps possible. Vous voilà sur votre route, je vous sais brave, au revoir, la mère !

— Où vas tu ? demanda l'usurière.

— A diable, mon ami et votre patron !

Il déboucla son sac, et s'asseyant sur la lande, il chercha un certain nombre de petites brochures imprimées en têtes de clous, sur du papier à chandelle.

— Voici mon cadeau d'adieu, fit-il : *l'Art de converser avec Satan, Traité de l'apparition des esprits, la Magie noire, Résumé de la science d'Albert le Grand, moine de Souabe.* Et maintenant, la Louvarde, que la sorcellerie vous soit légère !

— Merci, mon fils, merci, Paramé... Souviens-toi de mes paroles. Je ne suis ni folle ni ingrate... L'étui de fer blanc, au pied du menhir, du côté où sont gravées les lettres druidiques.

— Je m'en souviendrai, dit Jean Paramé.

Le porte-balle se leva, fit remonter d'un mouvement d'épaule la bricole de son sac, puis il affermit la *coulisse* de cuir retenant le bâton autour de son poignet, et s'éloigna à travers la lande, pendant que la Louvarde prenait la route de la plaine au milieu de laquelle se dressait la pierre colossale du menhir.

Une détonation se fit entendre, un flocon de fumée s'envola. (Voir page 28.)

CHAPITRE III

LA BOURRE DU FUSIL

La nuit descendait; les derniers sons du biniou prolongeaient leurs notes affaiblies, et les méandres du dernier quadrille s'allongeaient dans le grand pré.

Depuis l'heure où elle avait entendu les sinistres paroles de la

Louvarde, suivies de l'accès de colère de Tréguier, Rose avait abandonné la danse et s'était réfugiée dans la salle basse du moulin.

Les jeunes fleurs de sa naissante tendresse n'avaient pas eu le temps de s'épanouir au soleil du bonheur, un coup de vent froid les avait vite fauchées. La double révélation de la Louvarde, dont elle redoutait la science, et celle de la ruine probable de son père, venaient de jeter Rose dans un accès de douleur comme en éprouvent les âmes naïves que la première épreuve dans la vie surprend et torture. Elle trembla, elle pleura. Elle s'épouvanta pour son père et s'affligea sur sa propre destinée. Puis, comme elle possédait un cœur croyant, que les clartés de la foi illuminaient, elle pria et demanda sa consolation à Dieu.

Il existait au moulin un livre d'évangiles, très vieux, usé à bien des pages, flétri par les larmes, sainte relique de la vie de famille, qui avait tour à tour prodigué des trésors mystérieux à trois générations de pieuses chrétiennes.

La mère de Rose l'avait feuilleté de ses mains mourantes, avant de le léguer à sa fille comme un inestimable trésor. Dans son angoisse, Rose eut la pensée de lire une des pages consolantes de ce livre. Elle l'ouvrit et s'absorba bientôt dans une méditation qui, lentement, calma les agitations de son cœur.

Pendant ce temps la vieille servante dressait le couvert de Tréguier et prévenait le garçon du moulin de venir se mettre à table.

Tréguier était revenu de son emportement; il en avait reconnu l'imprudence et l'inutilité. Au lieu de menacer la Louvarde, il aurait dû lui offrir un chiffre d'intérêt plus élevé.

— Bah! fit-il, rien n'est perdu; nous avons encore du temps d'ici à demain. La vieille sorcière n'ira pas à Vannes ce soir, elle trouverait l'étude de l'huissier fermée. Après le souper, quand ma fille me croira endormi, je partirai sans bruit du moulin, et j'irai trouver la louve dans son antre. Il faudra qu'elle me rende le repos et la joie de ma fille, quand ce devrait être au prix de mon sang.

Cette résolution acheva de calmer la colère du fermier, et quand la servante annonça que le souper était prêt, Rose et Tréguier se trouvaient à la fois réconfortés : la jeune fille par les paroles saintes lues dans son vieux livre, le meunier, par la volonté de plier son orgueil devant les exigences de sa terrible créancière.

Il affecta même une gaieté bien éloignée de son esprit, car s'il conservait une espérance, elle était trop vague pour qu'il sentît renaître subitement sa bonne humeur. Le meunier pouvait masquer

ses craintes, s'encourager à la confiance, mais non pas se dissimuler la difficulté qu'il éprouverait à convaincre la Louvarde et à lui
inspirer quelque pitié.

Cependant Rose retrouva son sourire, et parut avoir reconquis
le calme habituel de son caractère, au moment où Tréguier lui
souhaita le bonsoir.

La jeune fille gagna sa petite chambre, et se coucha paisiblement, tandis que le garçon du moulin se jetait sur un tas de foin
frais, et que Marthe montait à la soupente ménagée dans le coin le
plus obscur de la cuisine.

Tréguier, n'entendant plus aucun bruit, sortit du moulin avec
mille précautions.

Quand il se trouva en dehors, une sorte de vaillance lui revint.

Il s'agissait de soutenir une lutte dont dépendait le bonheur de
sa fille. Ce qu'il n'aurait pas eu le courage de faire pour lui, il le
réaliserait pour elle. Le temps était beau, la marche facile, les
derniers parfums des sureaux saturaient l'air. On respirait ces
odeurs âcres et saines des buis vernissés dans les haies, des pous-
ses de genêts dont les papillons légers se doraient déjà, des om-
belles défleuries que secouait la brise du soir pleine d'harmonies
mystérieuses empruntées aux rameaux qu'elle agitait, aux haies
vives qu'elle inclinait dans son vol, aux cimes des arbres qu'elle
courbait.

Le sonneur de biniou n'aurait pas été le grand artiste qu'il devenait à ses heures, s'il ne s'était point senti envahi par cette musique délicieuse, dont rien ne fixera le thème et les incessantes
variations.

Bercé, ébloui au dedans de son âme, il perdit le souvenir de ce
qu'il allait faire pour s'absorber dans les douceurs de cette nuit de
printemps.

Du reste, il n'était pas seul à en jouir. La Louvarde, soit qu'elle
obéît à certaines prescriptions de ses codes magiques, soit qu'elle
se plût aux murmures du vent dans les jeunes ramées, s'était adossée
au menhir étayant sa chétive demeure, et, les yeux perdus dans le
vague, elle regardait sans voir l'horizon immense et ce ciel d'un gris
perlé, frangé seulement au couchant de traînées de pourpre vive.

La prophétesse, si elle songeait à l'avenir, avait perdu d'une
façon complète le sentiment du présent; sans cela elle se fût demandé si l'ondulation qui se produisait dans les genêts pouvait être
causée par le souffle de la brise?

Dans les pays où les serpents tracent des sillons à travers les hautes herbes et les joncs des forêts vierges, ils doivent occasionner ces mouvements lents et progressifs.

Mais la Louvarde ne voyait ni n'entendait rien à cent pas d'elle.

Le sillon se rapprocha du menhir; la Louvarde fixait toujours ses prunelles jaunes sur le disque agrandi de la lune.

Tout à coup l'extrémité d'un canon de fusil dépassa les genêts, une détonation se fit entendre, un flocon de fumée s'envola, et la Louvarde, renversée sur le menhir, laissa échapper un cri rauque d'agonie. Elle oscilla sur ses jambes grêles, rapprocha ses deux mains de sa poitrine transpercée, et roula au pied de la pierre druidique.

Tréguier venait d'entendre le coup de fusil. Il courut dans la direction de la louve et la vit tomber sur le sol.

Il oublia en ce moment ses griefs et sa haine et, soulevant la vieille femme dans ses bras, il l'emporta dans sa cabane.

Les yeux de la Louvarde étaient clos, son visage d'une pâleur terne; on eût dit qu'elle concentrait ses forces afin de garder un reste de vie; ses lèvres closes laissaient à peine échapper un soupir.

L'effroi saisit Tréguier qui, voyant ses efforts inutiles pour arrêter le sang coulant à flots de la poitrine de la Louvarde, s'enfuit pour appeler au secours.

Il ne lui fut pas difficile de trouver de l'aide.

Des bandes de promeneurs erraient sur les routes. Quelques hommes courageux accoururent. Un rebouteur offrit ses services, le garde champêtre, qui pensait avoir ce jour-là à constater la fêlure de plus d'une tête, se mit en tête des curieux avec la dignité d'un fonctionnaire, et bientôt la petite troupe s'avança rapidement à travers la lande.

Quand elle pénétra dans la cabane de la Louvarde, celle-ci, qui s'était soulevée sur son grabat, étendit le bras d'une façon menaçante, et de son doigt, trempé dans le sang de sa blessure, marquant de rouge la poitrine d'Yves Tréguier, elle sembla le désigner à la vengeance publique... Puis, se raidissant dans un spasme suprème, elle retomba morte.

Les témoins de cette mort poussèrent un cri d'horreur.

L'explosion en fut si soudaine que le meunier se tourna vers les témoins de cette scène lugubre pour leur adresser une question qui montait à ses lèvres.

L'antre de la louve, comme on disait dans le pays, présentait un sinistre spectacle.

Une résine crépitante, fixée entre deux fourches de bois, jetait sa lueur bleuâtre sur la femme trépassée, renversée rigide sur son oreiller de menue paille. Le sang qui était sorti de la plaie à gros bouillons maculait les haillons dont elle était vêtue. Sa tête caractéristique avait pris sous les doigts décharnés de la morte une expression effrayante. La souffrance physique, la terreur morale semblaient à la fois figées sur cette physionomie osseuse couverte d'une peau parcheminée.

Ceux qui étaient entrés dans la cabane fixaient des yeux agrandis sur ce cadavre qui leur paraissait plus grand que nature, et les en détournaient seulement pour chercher sur la poitrine de Tréguier la place qu'avait touchée le doigt rigide de la morte.

Ce geste à lui seul renfermait une accusation.

— Je vais prévenir les autorités, dit le garde champêtre.

— Allez! allez, ajoutèrent plusieurs voix, nous garderons le cadavre.

— Ferez-vous également la veillée? demanda le modeste représentant de la loi.

— Non, répondit Tréguier, ma fille serait inquiète.

Le garde champêtre se gratta la tête pour exprimer son indécision, puis il répliqua en haussant les épaules :

— Dans tous les cas, ne vous absentez sous aucun prétexte, votre déposition et votre présence seront indispensables, car, enfin, vous avez été le seul témoin du crime.

— Oui, le seul témoin du crime... répéta Tréguier d'une voix creuse.

Une rumeur sourde, dans laquelle il entrait de la défiance et de la menace, circula parmi les témoins de cette scène.

— Ne touchez à rien, ne dérangez rien, reprit le garde : tout ce qui se trouve ici reste sous la main de la loi ; les moindres objets, les plus petits indices porteront témoignage contre l'assassin.

De même qu'un murmure menaçant s'était élevé pour répondre aux dernières paroles de Tréguier, tous les regards se tournèrent à la fois vers lui, quand le garde eut prononcé ces paroles contenant sinon une menace du moins un avertissement.

Tréguier tressaillit ; une sorte d'étonnement farouche passa sur son visage pour s'éteindre dans une expression de douleur et de surprise, et il s'éloigna de la chambre mortuaire sans regarder derrière lui.

A pas rapides, et comme poussé par une force inconnue, Tréguier,

parcourut la lande pour la seconde fois, et ne tarda pas à se trouver en face du petit cours d'eau clapotant autour des palettes bas-
ses immobiles.

Les cris mélancoliques d'un oiseau de nuit semblaient le poursuivre et continuer à son oreille les menaces voilées qu'il venait
d'entendre. Sans qu'il s'expliquât encore pourquoi et comment, il
sentait que sa vie se trouvait à jamais brisée. Cœur dévoué, sa première pensée fut non pour lui, mais pour sa fille. La ruine qu'il
redoutait ne pouvait manquer de fondre sur eux. La Louvarde
morte, les secrets de ses affaires seraient dévoilés ; ses héritiers, ou
l'État, plus implacable encore que des héritiers, exigerait le règle-
ment de tous les comptes, et Tréguier, réduit à l'impossibilité de
payer, se verrait, non seulement exproprié des terrains impayés,
mais encore chassé de son moulin, faute de pouvoir solder une partie de la dette contractée. Sans doute les terres de Ligou gardaient
leur valeur, mais la finasserie des paysans s'efforcerait de l'abais-
ser; les sommes versées seraient perdues pour Tréguier, et
Dieu sait si lui et sa fille ne sortiraient point en mendiant du moulin.

Le dernier geste de la Louvarde, geste dont jusqu'à cette heure
le meunier n'avait pas saisi toute l'horrible portée, semblait le vouer
à la honte comme à la ruine.

Tréguier s'assit sur la première des trois marches donnant accès
dans le moulin. La lune continuait à verser sa clarté tranquille sur
le paysage. Tout était calme et repos autour du meunier, et il sentait, sans pouvoir se l'expliquer encore, que jamais plus il ne goûte-
rait ni tranquillité ni joie. Les houhoulements de l'oiseau de nuit le
poursuivaient, le clapotis de l'eau lui semblait un bruit de larmes
incessantes, et ses regards se fixèrent sur la fenêtre de la chambre
de Rose.

— Ma fille !... ma fille ! dit-il en tendant les bras vers cette croisée.

Ses lèvres remuèrent, il envoya une bénédiction vers l'enfant endormie, puis il rentra chez lui lentement, sans bruit, se jeta sur son
lit, tomba dans un lourd sommeil et n'en sortit plus qu'au moment
où le tapage du moulin recommença dans la maison sonore.

Rose descendit bientôt, un peu pâle, mais toujours jolie. Elle se
jeta dans les bras de son père avec l'abandon des enfants qui ont un
pardon ou une grâce à implorer. Quelque chose lui révélait que l'âme
de Tréguier s'ouvrait en ce moment toute grande aux tendresses

paternelles. Elle leva sur lui ses grands yeux, et dit en nouant ses bras autour de son cou :

— Dis que tu me pardonnes.

— Te pardonner! à toi, ma Rose! mais quelle faute as-tu commise?

— Est-ce une faute de ne point tout avouer à son père?

— Un manque de confiance froisse toujours un cœur aimant.

— Tu vois donc que je suis coupable.

— Parle donc, Rose, je me sens à l'avance rempli d'indulgence.

— Tu sais combien je t'aime, reprit-elle; jamais je n'aurai le courage de te quitter; mais si sans rien t'enlever de ma tendresse, j'amenais chez toi un autre moi-même...

— Te marier! tu songes à te marier?

— J'aime Gildas, mon père.

— Sais-tu que Kermoël est le plus riche fermier du pays?

— Je sais aussi que Gildas vit de sa paye de second à bord d'un bâtiment de commerce.

— Écoute, ma fille, je connaissais ton secret depuis longtemps; je te remercie de m'en avoir parlé; la Louvarde m'avait tantôt révélé la passion de Gildas pour toi, en tentant de me faire prononcer en faveur d'un autre prétendant, Jean Paramé, et y mettait des conditions de salut personnel. J'ai refusé. Tu seras heureuse, même aux dépens de la tranquillité de ton père. Du reste, jamais plus la Louvarde ne proférera contre nous des menaces d'aucune sorte, car à cette heure Dieu l'a jugée.

— La Louvarde est morte? demanda Rose en frissonnant.

— Tuée, hier au soir, d'un coup de fusil.

— Tuée, hier... Mon Dieu ! mon Dieu! pourvu que sa prédiction ne s'accomplisse pas !

— Que t'avait-elle dit?

— Qu'un cadavre se placerait entre Gildas et moi.

— Voilà qui est étrange! bien étrange! murmura le meunier, ce cadavre serait-il donc le sien?...

Le père et la fille restèrent silencieux jusqu'au moment où un bruit grossissant les attira vers la croisée.

Une foule assez considérable, escortant une voiture suivant avec difficulté une route cahoteuse, se dirigeait du côté du moulin.

— Voici le maire des Murelles, les gendarmes, le garde champêtre... balbutia Rose.

— Tranquillise-toi ma fille, dit Tréguier avec douceur, nous sommes d'honnêtes gens, et nous n'avons rien à craindre.

Puis, avec cette politesse grave qui donne au moindre paysan breton une attitude pleine de noblesse, Tréguier ouvrit toute grande la porte du moulin.

— Entrez, messieurs, dit-il à trois hommes vêtus de noir, qu'à leur visage à la froide expression, à leurs yeux abrités sous des lunettes destinées à en éteindre les éclairs, il était facile de reconnaître pour des magistrats.

Ceux-ci jetèrent autour d'eux un regard rapide, embrassèrent d'un coup d'œil ce vieil ameublement sculpté, la table aux pieds tors, le biniou enrubanné, la quenouille de Rose, un vieux livre de prières effeuillé aux angles, tout un ensemble de vie laborieuse et calme. Puis le plus âgé des magistrats dit d'une voix polie à la jeune fille :

— Veuillez vous retirer, mademoiselle, nous vous interrogerons tout à l'heure.

Rose jeta sur eux un regard plein d'anxiété, elle parut questionner son père, qui répéta d'une voix douce :

— Va, ma fille.

— Nous voulions tout d'abord épargner à cette enfant des émotions pénibles, dit le plus vieux des magistrats, M. Landevez, juge d'instruction, à Vannes ; il est inutile d'attrister la jeunesse; vous avez été témoin d'une scène terrible, et nous venons vous en demander des détails.

— Je sais bien peu de chose, répondit Tréguier en secouant la tête; la fête finie, tandis que dormait ma fille, je me dirigeai du côté de la genêtaie...

— Près du menhir contre lequel est bâtie la cabane de la Louvarde?

— Oui, Messieurs. Je marchais lentement, la lune était levée. De loin je voyais la vieille femme adossée à la grande pierre, aussi immobile que si elle-même eût été une statue... Tout à coup, un canon de fusil s'allongea entre les genêts, et le cri que je poussai se perdit dans le bruit d'une détonation. Je courus à la blessée, je la pris dans mes bras, je la portai sur son lit, puis j'appelai des gens que j'aperçus sur la route ; nous essayâmes de secourir la Louvarde, mais tout fut inutile : elle avait été mortellement frappée.

— L'idée ne vous vint pas de battre la campagne pour chercher le meurtrier?

Tréguier secoua la tête.

— Si monsieur était du pays, dit-il, il saurait qu'autant vaudrait chercher un grain de sable au bord de la mer qu'un homme dans un champ de genêts. Les genêts sont comme les vagues, ils se referment sur ceux qu'ils veulent cacher.

— Connaissez-vous des ennemis à la Louvarde?

— Je n'en pourrais nommer aucun.

— Combien lui deviez-vous? demanda le magistrat en fixant son regard aigu sur le meunier.

— Six mille francs.

— Ne pouviez-vous point être poursuivi par elle pour le paiement de cette somme?

— Elle m'avait menacé de m'inquiéter à propos d'un billet de deux mille francs que je me trouvais dans l'impossibilité de solder.

— Sa mort vient à point pour vous libérer de votre dette ou tout au moins retarder les effets de sa menace.

— Mes billets sont entre ses mains, messieurs.

— Aucun papier n'a été trouvé dans sa cabane.

— Je ne nie point ma dette, reprit Tréguier.

Le commissaire de police demanda à son tour :

— Ne possédez-vous pas un fusil?

— Non, monsieur.

— N'avez-vous pas témoigné plus d'une fois le projet d'en acheter un?

— Ce serait prudent, sans doute, mais j'ai retardé jusqu'à cette heure de faire cette acquisition.

Les trois magistrats se regardèrent. Rien dans la réponse de Tréguier ni dans son attitude ne révélait le trouble ou la crainte. Il répondait paisiblement, sobrement, aux questions qui lui étaient adressées.

Ils allaient mettre fin à cet interrogatoire, quand M. Landevez prit machinalement le livre de prières posé sur la table.

Il l'examina, le feuilleta, dissimula avec peine une évidente satisfaction, puis il demanda au meunier :

— Ce livre vous appartient?

— Oui, monsieur.

— Savez-vous qu'il y manque une page?... la page 3.

— Cela se peut, monsieur, il appartenait à ma mère, nous avons appris à lire en le feuilletant; il n'y a rien de surprenant à ce qu'il se trouve une page de moins.

— Non, sans doute, mais ce qui est au moins bizarre, c'est que le papier ayant servi de bourre au fusil à l'aide duquel on a tué la Louvarde est justement la page 3 qui a été arrachée de ce volume.

— Quoi? demanda Tréguier en pâlissant, la bourre du fusil...?

— Provient de ce livre.

Le meunier baissa la tête.

— Je ne comprends pas comment cela peut être, fit-il. D'habitude ce volume reste sur la cheminée; s'il se trouve sur la table, c'est que ma fille s'en est servi.

— Nous l'interrogerons à ce sujet.

— Tout à l'heure, dit alors le magistrat, suivez le brigadier. Nous allons demander à Mlle Tréguier si elle ne s'est pas hier servie de ce volume.

Depuis qu'elle avait vu entrer au moulin les magistrats, le garde champêtre et les gendarmes, la fille du meunier se trouvait en proie à une grande angoisse. Les craintes que plus d'une fois lui avait inspirées l'état de gêne de son père, les difficultés qu'elle rencontrait au sujet de son mariage avec Gildas, les prédictions de la sinistre Louvarde concouraient à remplir son esprit de pensées douloureuses.

Après qu'on eut fait sortir son père, elle entra dans la salle du moulin, tomba sur sa chaise et fixa sur les magistrats ses grands yeux bleus effarés. Ceux-ci mirent une grande douceur et employèrent toutes les formules de la bonté pour donner confiance à la jeune fille.

Ils lui demandèrent ensuite si elle s'était servie du volume que l'on venait de voir sur la table. Elle répondit que la veille, éprouvant le désir d'en lire quelques pages, elle l'avait pris sur la cheminée où on le laissait d'habitude. Le juge d'instruction lui fit remarquer l'absence de la page 3. Rose répondit sans aucun trouble que depuis longtemps cette page manquait au volume; elle faisait partie de la préface, et ne dérangeait rien au sens des chapitres. Elle affirma que nul, excepté elle, ne touchait à ce livre, et que dans sa famille on le considérait comme une sorte de relique.

Rose paraissait de si bonne foi qu'il parut inutile de l'interroger davantage.

— Vous pouvez vous retirer, mon enfant, lui dit le commissaire de police.

Rose se leva, mais avant de quitter la chambre elle demanda :

— Pour que vous veniez ici à pareille heure, messieurs, et en si grand appareil de justice, il faut que vous suspectiez quelqu'un de cette maison?

— On peut se laver d'un soupçon, mon enfant.

— Mon Dieu ! s'écria Rose en se tordant les bras, vous accusez mon père !

Elle courut à la porte du cabinet, dans laquelle le brigadier de gendarmerie avait fait entrer Yves Tréguier, puis, l'ouvrant toute grande, elle dit d'une voix vibrante :

— Défendez-vous, mon père bien-aimé, défendez-vous !

— Est-ce que tu me soupçonnerais? demanda Tréguier.

— Moi, je crois en vous comme dans le paradis.

— Cela suffit, répondit le meunier en serrant la jeune fille dans ses bras.

— Non ! dit Rose d'une voix éclatante, non, cela ne suffit pas, mon père. Que vous ayez Dieu pour vous, c'est bon pour votre conscience; que votre fille vous garde sa tendresse et son respect, voilà pour votre cœur ; mais les amis, les voisins, les gens des Murelles ! Allez-vous tomber dans la suspicion, dans le mépris peut-être? La Louvarde avait fait assez de dupes et ruiné assez de gens pour s'être créé un bon nombre d'ennemis... Cherchez, trouvez celui qui s'est vengé d'une façon si cruelle.

— Il me semble, ma fille, que ceci est le devoir de la justice.

Rose se tourna vers les magistrats.

— Vous n'avez donc pas regardé mon père, messieurs, vous n'avez donc pas vu l'honnêteté qui brille dans son regard, que vous lui jetez tout de suite à la face un soupçon odieux ! Lui coupable ! lui assassin ! Mais le pays entier témoignera en sa faveur.

— Vous vous trompez, mon enfant, répondit le juge d'instruction d'une voix triste. Écoutez les rumeurs de cette foule, elles sont hostiles. On a souvent répété que la voix du peuple est la voix de Dieu, en ce cas, tant pis pour Yves Tréguier, car la voix du peuple l'accuse.

En effet, des cris sourds d'abord, mais qui ne tardèrent point à devenir plus éclatants, se faisaient entendre :

— En prison l'assassin ! A mort le meurtrier de la Louvarde !

— Vous mentez ! vous mentez tous ! fit Rose qui ouvrit brusquement la fenêtre et se montra à la foule, belle de son animation et de son désespoir. Osez répéter cette parole infâme ! Venez devant moi! vous ne le ferez pas! moi sa fille, moi qui réponds de lui vie pour vie, honneur pour honneur.

— En prison, l'assassin ! Justice! répéta la foule.

— Rose, dit le meunier, nous devons nous soumettre. Dieu ne permettra point qu'un innocent soit condamné. Je le sais, c'est déjà trop d'un soupçon. Tout concourt à m'accuser : cette page manquant au livre, et dont la feuille absente a servi de bourre au fusil dont l'assassin s'est servi hier pour tirer sur la Louvarde ; des paroles imprudentes, des menaces qui me sont échappées dans un mouvement de colère ; enfin le geste de cette malheureuse qui, au moment d'expirer, a paru me désigner comme assassin en me touchant à la poitrine. Seulement, ma fille, j'ai confiance en la justice divine. Sois forte comme je suis fort, et rapporte-t'en à Dieu que nous n'avons jamais gravement offensé.

L'attitude paisible de Tréguier, ses paroles mesurées, tout, jusqu'à la tendresse profonde qui semblait déborder de son cœur, concourait à faire présumer de son innocence. Mais les juges ne purent laisser dominer en eux un sentiment et une impression. Des commencements de preuves s'accumulaient contre l'accusé ; il devenait nécessaire de donner satisfaction à l'opinion publique.

Yves Tréguier le comprit.

— Rose, dit-il, reste au moulin avec Marthe, surveille les intérêts de la maison. Je m'en fie à toi pour toutes mes affaires. Je sais que tu es à la fois une fille de cœur et une fille de tête. Pendant les premiers jours de mon emprisonnement il ne me sera point permis de te voir ; ne dépense pas ton temps en courses inutiles. Si tu le peux, cherche plutôt dans le pays, s'il te serait possible de te renseigner. Tandis que je serai sous les verrous, interroge, fouille ; tous m'abandonneront, je sais que seule tu ne m'abandonneras pas.

— Je vous le jure, mon père ! dit Rose en sanglotant.

Une minute après, le procès-verbal de l'interrogatoire d'Yves et de sa fille était clos et signé ; les magistrats se levèrent et regagnèrent la voiture qui les avait amenés.

Tréguier se plaça entre les gendarmes.

Quand il parut sur le seuil du moulin, des cris l'accueillirent :

— A mort l'assassin ! A mort !

Il redressa le front, regarda la foule en face, et commença à pied a longue route qui devait aboutir à la prison de Vannes.

Mon père est innocent, monsieur Kermoël! (Voir page 40.)

CHAPITRE IV

UN TRIBUNAL QUI CONDÂMNE

Il faisait nuit, une nuit sans lune, complète, absolue. Aux beaux jours de printemps pendant lesquels le village des Murelles revêtait sa parure de fête succédaient les derniers jours d'été.

Un vent froid soufflait sur la lande en froissant les tiges sèches des genêts, et dénudait les arbres de leur feuillage roussi par des gelées précoces. La nature s'attristait, et les cœurs souffrants devaient se trouver d'accord avec elle. Le long d'un chemin creux, surmonté de troncs de chênes dont, l'hiver précédent, la cognée avait abattu les branches, et qui maintenant mornes et dénudés se dressaient semblables à des squelettes végétaux, dans l'ombre de ces deux murailles drapées de ronces rougies et de bruyères violettes, marchait rapidement une jeune femme dont la démarche trahissait la lassitude. Elle s'arrêtait parfois, exténuée, hors d'haleine, brisée de corps et d'âme, ranimant ses nerfs par l'effort de sa pensée, s'accrochant parfois à une racine de buis, à une touffe d'herbe à moitié brûlée, afin de ne point tomber sur la route, à demi morte d'épuisement et de douleur.

Le chemin se déroulait à travers un paysage monotone, dont la hauteur du talus cachait les aspects. Enfin, à un dernier détour, la voyageuse vit briller une lumière à travers une fenêtre étroite, et, s'arrêtant, elle murmura :

— C'est là !

Pendant une seconde elle hésita, prise de terreur, de honte ou de dégoût ; puis subitement, comme si le sentiment d'un devoir impérieux la poignait et la poussait, elle hâta le pas dans la direction de la maison éclairée.

C'était moins une demeure de propriétaire riche qu'une agglomération de bâtiments satisfaisant aux besoins d'une exploitation rurale. On apercevait au centre une masse noire composée de toits, de granges, de hangars, de pignons d'écuries, puis la couverture ardoisée de la maison que piquaient trois ou quatre tuyaux de cheminées.

La voix d'un chien de garde grondait à distance, et parfois les éclats de rire des valets de ferme et des servantes se répandaient dans la salle basse dont les volets clos laissaient filtrer une petite lumière.

La voyageuse poussa la claie de genêt servant de barrière, avança la main vers le dogue grondant ; puis, se hâtant, comme si elle avait eu peur que le courage vînt à lui manquer, elle appuya la main sur le loquet de la porte à double battant, et pénétra dans une salle de moyenne grandeur éclairée par les feux d'une bourrée d'ajoncs.

Sans doute l'homme assis sur le banc de chêne placé dans l'intérieur de la cheminée ne s'étonna point que quelqu'un entrât dans cette pièce, car il continua à promener distraitement ses mains osseuses le long de ses jambes, en allant et revenant de la cheville jusqu'au genou, puis il demanda sans se retourner :

— Est-ce toi, Gildas?

La femme qui venait d'entrer ne répondit rien tout d'abord ; elle s'avança rapidement et se plaça dans la zone de lumière projetée par la bourrée crépitante ; puis, les bras tombant le long de son corps, et fixant sur le fermier son regard fiévreux, elle répondit d'une voix mal affermie :

— C'est moi, monsieur Kermoël.

Jacques tressaillit au son de cette voix qu'il reconnut tout de suite.

— Vous ! malheureuse, fit-il en se retournant vers la voyageuse, vous ! Quelle audace vous porte à venir jusqu'ici braver ma colère et ma haine ? Je ne vous croyais pas encore capable d'une telle impudence :

— Mon audace ! répondit la femme qui se soutenait à peine ; vous ne m'avez donc pas regardée, Jacques Kermoël ? Je tomberais sur le seuil si vous me chassiez à l'instant même. Ne voyez-vous pas sur mon visage amaigri la trace de mes veilles et de mes pleurs... ? Ne sentez-vous pas combien je souffre ? Si j'ose entrer dans cette maison, ne comprenez-vous pas qu'un motif pressant m'y pousse ?

— Je sais ! je sais ! dit le fermier dont le visage s'enflamma de colère. Vous croyez l'emporter sur moi, et jusqu'à ce moment je dois avouer que je suis vaincu. Rien n'a pu déterminer mon fils à reprendre la parole qu'il vous a donnée, et qu'effrontément vous avez reçue. Mes ordres, mes prières, tout est resté inutile. Marie la Rousse est riche, et Gildas rejette l'idée d'un mariage qui me comblerait de joie parce qu'il est ensorcelé par une chercheuse de pain. Êtes-vous autre chose aujourd'hui? Depuis l'arrestation d'Yves Tréguier, le moulin ne tourne plus sa roue ; la maison a repris son aspect lugubre. Comme après le double crime qui jadis le rendit célèbre, on l'appelle dans le pays le *Moulin des Trépasssés*. Encore quelques semaines, et il sera mis aux enchères ; Tréguier montera sur l'échafaud, et vous vagabonderez le bissac sur l'épaule. Et j'aurai travaillé, besogné, j'aurai péniblement amassé de l'argent et amendé mes terres, pour arriver à ce résultat de voir tomber ma fortune entre les mains d'une malheureuse...

— Monsieur, dit Rose en s'appuyant contre l'un des montants de la cheminée, si vous m'aviez voulu entendre, vous m'auriez épargné ces injures. Je ne viens pas demander à votre fils de tenir sa promesse.

— Que voulez-vous donc? demanda Kermoël d'un accent tout à coup radouci.

— Vous demander de sauver mon père.

— Moi! fit le vieillard en devenant livide, moi sauver votre père...

— Vous le pouvez, répondit Rose, et je viens vous en fournir le moyen.

Le fermier se recula dans l'ombre et fixa ses regards perçants sur la jeune fille, comme s'il voulait, en la fascinant, l'empêcher de prononcer une parole terrible.

— Il se rencontre d'étranges hasards dans la vie, reprit Rose d'une voix dont les pleurs éteignaient l'harmonie habituelle; vous venez d'être appelé pour faire partie du jury qui absoudra ou condamnera mon père.

— Je le sais, je le sais; après...

— Mon père est innocent, monsieur Kermoël! je jure qu'il est innocent. Je viens vous implorer en sa faveur, vous demander votre voix pour le défendre. On vous estime dans ce pays, vous jouissez d'une grande influence... Aidez-moi à sauver mon père... Tenez-vous à ce qu'il meure?... Songez donc! Assumer sur soi la condamnation d'un homme dont la culpabilité n'est pas matériellement prouvée... L'envoyer au bourreau... Dieu vous demanderait un jour compte de sa vie... Vous n'auriez plus ni calme ni sommeil après un verdict qui tomberait sur lui comme un coup de hache... Je ne veux pas vous implorer au nom de Dieu, vous n'y croyez pas! au nom de la pitié, vous n'en avez jamais senti pour personne, mais au nom de vos intérêts les plus chers, je vous adjure de vous ranger du côté de ceux qui renverront mon père absous de cette accusation terrible et calomnieuse... Sauvez-le, et à mon tour je vous sauve! Jurez-moi de donner votre voix en faveur de Tréguier, d'entraîner avec vous quelques amis, et je vous rends le repos que vous avez perdu... Et je vous remets cette bague de fiançailles que Gildas m'avait donnée, et je renonce à son amour, à mon mariage, à tout ce qui pouvait faire ma félicité en ce monde...

— Vous ne feriez pas cela! dit Kermoël avec défiance, vous ne le feriez pas.

— Sur mon âme, je le ferais.

Le fermier réfléchit un moment.

— Gildas vous aimerait tout de même, fit-il, et votre bonne volonté ne servirait à rien.

— Eh bien! j'irai plus loin encore; je lui persuaderai que je suis devenue indigne de lui; j'attirerai sur moi, non plus sa pitié, mais son mépris. J'en mourrai peut-être, mais mon père sera sauvé, et Dieu tiendra compte de mon sacrifice.

— Marché offert ! dit encore Kermoël.

— Marché tenu ! fit Rose en lui remettant la bague.

— On juge votre père demain, ajouta le fermier en prenant le bijou.

— Demain j'assisterai à l'audience.

— Comptez sur moi ! dit le père de Gildas... Je vous promets de voter l'acquittement, et plus tard, si vous avez besoin de quelque chose, je me montrerai bon pour vous.

— Après l'acquittement de mon père, il ne me faudra plus rien, répliqua Rose.

Elle passa droite et calme devant Kermoël et sortit de la salle.

Lorsque la jeune fille se retrouva seule dans la grande cour qu'éclairait un faible rayon de lune, elle leva les deux mains vers une croisée, et murmura en étouffant un sanglot :

— Gildas ! mon Gildas !

Ce fut sa dernière faiblesse. Elle cassa un bâton dans une haie, et reprit sa course.

Cette fois elle trouva une route aplanie, qu'elle suivit sans faiblesse et sans déviation. Il semblait que Dieu, content d'elle, la conduisait par la main.

Aux premières clartés du jour, elle entrait dans la ville de Vannes.

Ce fut vers le Palais de Justice qu'elle se dirigea. Elle s'assit sur une des marches du lourd monument et, attendit.

Les ailes de sa coiffe blanche tombaient sur son dos, le capuchon de sa mante ne cachait point son beau et pâle visage. Rose ne s'inquiétait ni des passants ni des curieux. Que lui importait la foule des indifférents ?

Son père allait venir, elle attendait son père. Sa contenance était si brisée, son regard trahissait de si profondes angoisses que la foule se montra clémente pour cette enfant, et lui fit grâce de son insultante curiosité. Cependant le temps en marchant occasionna un mouvement progressif sur la place, les personnes munies de billets donnés par le président, le populaire espérant se ménager une place en jouant des coudes, les jeunes avocats attendant l'occasion de prendre une leçon d'éloquence, les témoins à la fois craintifs et fiers du rôle qu'ils allaient jouer dans cette affaire arrivèrent tour à tour sur la place.

La vieille servante et le garçon de moulin se placèrent à côté de

Rose. Comme l'affaire du *Moulin des Trépassés* se jugeait un jour de marché, les rues se trouvaient pleines d'une affluence considérable, questionnant, s'inquiétant, cherchant, observant. Chacun était avide de détails inédits sur l'affaire qui allait se juger.

Enfin les portes du Palais de Justice s'ouvrirent; Rose et ses deux fidèles serviteurs se précipitèrent dans les couloirs, croyant pouvoir serrer la main de l'accusé. Leur espérance fut trompée : ils ne devaient revoir Yves Tréguier qu'à l'heure où celui-ci serait introduit dans la salle d'audience.

Rose prit place à côté du banc d'infamie où devait bientôt s'asseoir son père. Elle savait qu'il avait un bon avocat; les bons arguments lui semblaient faciles à trouver; elle s'encourageait à l'espérance.

Quand les jurés parurent, le regard de Rose se fixa sur Jacques Kermoël pour lui rappeler une promesse sacrée; il lui sembla que les paupières molles du vieillard s'abaissaient en guise de réponse. Mais en même temps que Rose reconnut le fermier, elle devina, avec le pressentiment des cœurs qui aiment, la présence de Gildas dans la salle.

En effet, le jeune marin avait voulu soutenir par sa présence celle dont il continuait à se regarder comme le fiancé.

Le rayonnement du regard de Gildas fit baisser les yeux de Rose, elle ne se sentait plus le droit de puiser la consolation et l'espérance dans ce regard franc et droit, depuis qu'elle avait renoncé à devenir la fiancée du fils de Jacques Kermoël.

Du reste, Yves Tréguier venait d'être introduit, et tout ce qui n'était pas lui disparut pour la jeune fille.

Le meunier échangea avec Rose un regard et un sourire.

Quelle ardeur dans le regard! Dans le sourire quelle tristesse! Ils savaient bien que la torture allait à la fois commencer pour leurs deux cœurs.

Le greffier lut l'acte d'accusation. Il ressemblait à toutes les pièces de ce genre. Rédigé avec une sorte d'impartialité glaciale, il enserrait la conviction de la culpabilité de l'accusé dans des raison, nements qui paraissaient sans réplique.

Après en avoir entendu la lecture il était impossible de ne pas demeurer convaincu que Tréguier avait assassiné la Louvarde-afin de se débarrasser d'une créancière dont les exigences pouvaient amener sa ruine. Après avoir insisté sur les probabilités du bénéfice que devait trouver Tréguier à la mort de la Louvarde, l'acte d'accusation appuyait sur la nature de la bourre du fusil à l'aide duquel la vieille femme avait été assassinée. L'arme de l'assassin avait disparu, mais la bourre parlait plus haut encore que ne l'eût fait cette arme. Comment expliquer que la page 3 manquât au livre de Rose et se retrouvât dans la lande, au pied du menhir, si l'on ne voulait pas admettre que cette feuille eût été enlevée du livre par Tréguier lui-même ?

L'épouvante s'empara de Rose ; elle regarda son père avec désespoir, puis son regard se fixa sur l'avocat de Tréguier qui feuilletait son dossier avec une sorte d'indifférence dédaigneuse pour la pièce légale dont il connaissait la teneur.

La tranquillité de l'avocat ramena un peu de sérénité dans l'âme de la jeune fille. Si celui-ci restait calme, c'est qu'il savait comment réduire à néant les arguments de l'accusation.

L'interrogation des témoins commença.

Plusieurs affirmèrent avoir entendu Tréguier proférer des menaces contre la Louvarde, au moment où celle-ci s'éloignait après l'avoir prévenu que, s'il ne payait pas à échéance, elle lui enverrait l'huissier.

La plupart rendirent bon témoignage de l'honnêteté de Tréguier, de la sagesse de sa fille, et dirent qu'ils ne croyaient pas Yves capable d'un tel forfait.

Ceux qui semblaient le mieux disposés en faveur de l'accusé accablèrent de malédictions la Louvarde, qui avait consacré la ruine de plus de vingt habitants des Murelles.

Le président dut même les rappeler au sentiment du respect qu'il devaient à la morte, quelle qu'eût été sa vie.

En somme, les dépositions furent plutôt favorables que contraires à l'accusé.

Ce fut au tour de l'avocat général à prendre la parole.

La vue de cet homme vêtu de rouge fit tressaillir Rose d'une secrète horreur.

Il lui sembla que ces vêtements de pourpre présageaient quelque chose de sinistre ; en effet, à peine eut-il prononcé les premiers mots de son réquisitoire qu'elle comprit combien peu son instinct l'avait trompée.

La facilité de parole du magistrat, ses effets de geste, de port de tête, ses périodes pompeuses, tout ce que l'art met au service d'un jeune homme naturellement éloquent fut employé par le représentant de la loi pour accabler le malheureux assis sur le banc d'infamie et prouver aux jurés qu'ils devaient le condamner à mort.

Tandis que Rose tentait d'arrêter les battements de son cœur à force d'angoisse, le visage d'Yves Tréguier gardait sa sérénité. Cet homme, d'une intelligence au-dessus de son état, se trouva, en raison même de sa nature puissamment artiste, grandir à mesure que se développait le drame dont le dernier acte lui pouvait à la fois ôter l'honneur et la vie. La pureté de son âme devenait en quelque sorte visible sur son visage. Pour neutraliser le virulent réquisitoire de l'avocat général, la vue de cette belle, souffrante, mais cependant placide physionomie, devait suffire. Déjà pendant son interrogatoire, la simplicité de ses réponses, la logique avec laquelle il déroulait et déduisait les faits avaient prévenu en sa faveur l'auditoire pressé dans la Cour d'assises, cet auditoire le plus difficile de tous à séduire d'abord, à conserver ensuite. Puis la vue de Rose si touchante dans sa pâleur et ses larmes, de Rose, dont l'amour filial se trahissait à chaque instant par un regard, un geste, un soupir, conquit à la cause de l'accusé plus d'un curieux de drame, plus d'une femme avide d'émotion poignante.

De tous les spectateurs de cette scène, dont le dénouement pouvait être la mort d'un homme, il n'en était pas un qui fût plus impressionné que Gildas.

Assis en face du banc des jurés, il suivait sur le visage de chacun d'eux les impressions les plus fugaces ; puis reportant ses regards sur Tréguier et sur sa fille, il s'efforçait de faire passer dans leurs âmes ses convictions et ses espérances, ou bien il leur envoyait à la fois sa pitié et ses larmes, suivant que les chances de salut paraissaient grandir ou diminuer.

Rose ne tourna pas la tête une seule fois du côté du jeune marin. Non qu'elle ne l'eût point vu, mais elle tenait, par son attitude, à prouver à Jacques Kermoël combien elle était disposée à tenir le serment fait la veille.

Au milieu de la désolation de son cœur, ç'eût été sans doute pour elle une grande consolation de songer qu'elle pouvait s'appuyer sur un ami généreux, épancher d'intimes confidences, jeter le trop plein de son âme à l'heure où elle débordait d'émotions dont Rose ne comprenait pas qu'on pût souffrir autant sans mourir. Mais sa parole pouvait servir d'enjeu à la vie de son père, et, dût-elle sentir toute sa vie s'écouler le sang de son âme par la blessure qu'elle élargissait à deux mains, elle acceptait l'avenir avec un héïoïsme dans lequel vibrait quelque chose de l'enthousiasme des martyrs.

Cependant, après avoir subi la torture du réquisitoire, il lui fut donné de respirer pendant la plaidoirie de l'avocat. Elle fut à la fois courte et précise. Il s'appuya sur deux raisons pour demander, pour exiger l'acquittement de son client : la vie jusque-là sans tache de Tréguier, le manque de preuves irrécusables. Un mot arraché par la colère et répondant à la menace d'un créancier impitoyable ne pouvait suffire pour faire condamner un homme à mort. Quant à la bourre du fusil, Rose Tréguier déclarait s'être servie du livre pendant la journée. Le moulin avait été rempli par les amis et les voisins du meunier. Un passant, un inconnu pouvait avoir arraché cette page, en supposant qu'elle y fût, ce que niait Rose, et ce que paraissait affirmer la déchirure déjà ancienne de la feuille manquante.

L'avocat fut entraînant, tout en restant simple, et lorsque Gildas fixa sur les jurés des regards anxieux au moment où ils se levaient pour entrer dans la salle des délibérations, il crut lire sur le visage de plusieurs les traces d'une émotion profonde, et une lueur d'espérance entra dans son cœur.

A ce même moment Rose, poussée par un sentiment plus fort que sa volonté, se souleva sur son banc, afin d'échanger avec Jacques Kermoël un signe rapide qu'ils furent seuls à comprendre : le pacte tenait toujours.

Au bout d'un quart d'heure, les jurés rentrèrent. Le président donna la parole au chef du jury qui, se levant, prononça ces mots au milieu du plus profond silence :

— Sur mon âme et sur ma conscience, la déclaration du jury est *non* à la majorité.

Rose se jeta dans les bras de son père en sanglotant, puis elle saisit fiévreusement les mains du jeune avocat :

— Portez mes actions de grâces à votre mère, lui dit-elle.

Au moment où Yves Tréguier parut sur la place, des mouvements divers s'opérèrent dans la foule. Marthe, le garçon de moulin, et deux ou trois vieillards s'avancèrent les mains tendues vers le meunier pour lui exprimer leur joie de sa délivrance.

En recevant ces témoignages d'amitié, le cœur de Tréguier éclata. Il avait étouffé tant de sanglots et tant d'angoisses qu'il se sentit subitement revivre. Il trouvait un enchantement dans les moindres choses. L'air l'enivrait. Il eût voulu tendre les bras à tous les témoins de cette scène. Aussi, reconnaissant bon nombre de gens des Murelles parmi la foule, courut-il vers eux les mains tendues.

— Mes amis, leur dit-il, mes chers amis ! Comme je suis heureux e pouvoir vous donner de nouveau ce nom !

Mais les visages contraints se détournèrent, les mains se recuèrent, et Yves Tréguier rougit sous ce nouvel affront.

— Quoi ! fit-il, vous me fuyez, vous me dédaignez ! Mais vous savez bien que je suis innocent ! On vient de le proclamer devant tous…. Peut-il vous rester un doute dans l'esprit ?… Voyons, toi, Mathias, je suis bien sûr que tu ne me crois pas coupable.

— Je n'affirme rien, répondit le bûcheron interpellé, mais les hommes de loi se trompent comme les autres.

— Pas moins que tu avais menacé la Louvarde, ajouta Noisic, le tisserand.

— … Et que la morte a levé la main pour te désigner comme le seul coupable.

— Mon Dieu ! mon Dieu ! murmura Tréguier, je fais un horrible rêve.

— Et puis, mon gars, répliqua Mathias, il n'y a pas de quoi être fier ; tu n'as été acquitté qu'à une voix de majorité, à ce que j'ai entendu dire par un membre du jury.

— La mienne…, fit Jacques Kermoël en passant près de Rose.

— Je me souviens…, murmura celle-ci…, je me souviens et vous pouvez compter sur ma parole.

— Ainsi, vous me condamnez, vous ? demanda le meunier en éclatant.

— Nous ne te condamnons ni ne t'accusons… Nous attendons des preuves de ton innocence ; pour nous, tu as été acquitté faute de preuves suffisantes.

— Vous ne croyez donc pas à mon innocence ?

— Il y a les menaces…

— Le signe de la morte…

— Tes dettes !

— Ah ! fit le meunier avec accablement, pour eux je reste toujours un accusé !

— Pas pour moi, du moins, dit en s'avançant Gildas. Votre main, Tréguier. Sachez que je vous tiens pour l'homme le plus probe du pays, et, si vous faites autant de cas de moi, donnez-moi en mariage votre fille Rose, dont je vous demande la main devant tous !

Le visage de Tréguier rayonna.

— Brave garçon! fit-il, noble et grand cœur. Eh bien! oui, si elle le veut, Rose est à toi; je serai heureux et fier de te nommer mon gendre.

— Je suis sûr d'elle, repartit Gildas; je lui ai offert une bague de fiançailles, et elle l'a acceptée.

— Vous vous trompez, Gildas, répondit Rose d'une voix dans laquelle vibraient des larmes, cette bague, je ne l'ai plus.

— Rose! Rose! avez-vous donc cessé de m'aimer? Ne voulez-vous plus être ma femme?

— Je ne vivrai plus que pour mon père, je veux que mon cœur soit tout à lui.

— Il eût trouvé en moi un autre enfant; nous aurions été deux pour soigner sa vieillesse.

— C'est impossible, répondit Rose, impossible! Je vous en prie, n'insistez pas.

Elle se jeta dans les bras de Tréguier et parut trouver dans cette étreinte la force qui semblait sur le point de l'abandonner; ensuite, se retournant et faisant face à foule :

— Vous êtes durs pour nous, dit-elle, et vous méconnaissez cruellement mon père. Mais lui et moi, nous nous suffirons désormais. Ruinés et calomniés, nous trouverons le moyen de reconquérir notre honneur, si nous ne rétablissons pas notre fortune. Il vous faut plus que l'arrêt du jury pour rendre votre estime à mon père; acquitté devant le tribunal au nom de la loi, il reste flétri ou tout au moins suspect devant le tribunal de l'opinion. Eh bien! il en appelle devant Dieu comme devant les hommes, et vous tous, un jour, pourvu que vous ayez un peu de sang dans les veines et du cœur dans la poitrine, vous regretterez amèrement votre cruauté d'aujourd'hui, et vous viendrez nous demander pardon de nous avoir soupçonnés.

— Rose, Rose, dit Gildas en se rapprochant de la jeune fille, je comprends à quelle admirable tâche vous voulez vous vouer. Sans trêve, vous chercherez le vrai coupable, afin de prouver l'innocence de votre père. Eh bien! acceptez-moi comme auxiliaire. Je renonce à mes droits de fiancé, ou tout au moins j'ajourne l'accomplissement de vos promesses. Dites-moi seulement que vous me gardez toujours votre amitié, et, que le jour où ceux qui accusent encore votre père lui demanderont pardon de leur dureté et de leur injustice vous me prendrez pour mari? Cette promesse me suffira pour me donner la force de vivre.

— Jamais ! jamais ! s'écria Rose en cachant les larmes qui inondaient son visage.

Puis, saisissant Yves Tréguier par la main, elle l'entraîna pour s'arracher à la curiosité de la foule et cacher les émotions poignantes qui assiégeaient à la fois son cœur.

Il prit dans sa poche un large couteau et fouilla le sol. (Voir page 56.)

CHAPITRE V

LE LEGS DE LA MORTE

Au-dessus de la porte du cabaret s'étalait fastueusement une branche de gui, peinte en rouge sous la dorure. La dorure en s'écaillant avait laissé transparaître la couleur primitive, de sorte que la branche de gui gaulois ressemblait à une de ces herbes marines qui poussent dans les prairies de la mer et mêlent aux algues

glauques le vermillon de leurs bouquets. Mais il importait peu aux
habitués du cabaret que la peinture de la plaque de tôle s'effritât
sous le soleil ou pâlît sous le lavage des pluies d'hiver. L'essentiel
pour eux était de trouver l'hôte accueillant, le cidre frais, le lard
cuit à point, et d'avoir la facilité de boire durant de longues heures,
tantôt sous les pommiers lourds de fruits, dont on étayait les
branches à l'aide de perches, tantôt dans la salle aux noires solives
égayée par des images d'Épinal aux vives couleurs. Les gens attablés paisiblement regardaient sur la muraille le promeneur éternel,
appelé *le Juif Errant;* ils compatissaient aux douleurs de *Thisbé* et
de *Pyrame,* aux aventures plus modernes d'*Henriette* et de *Damon;*
puis ils poussaient un soupir devant une gravure plus pratique,
représentant la *Mort de Crédit tué par les Mauvais Payeurs : —*
allégorie dont chacun d'eux pouvait approfondir le sens sous la
surveillance du père Bancroche, seigneur et maître de l'unique
cabaret de l'endroit.

Boiteux des deux jambes, ce qui donnait à son allure une sorte de
dandinement bizarre, Bancroche portait un tronc robuste sur des
jambes grêles. La poitrine était d'un hercule, les tibias d'un nain.
La tête fleurie, le nez bulbeux, la bouche grimaçante, les yeux
pétillants de malice, la chanson aux lèvres, la médisance au bout de
la langue, Bancroche n'était pas la moindre personnalité du village
des Murelles.

Son bien allait s'agrandissant, sa maison prospérait. On l'aimait
un peu, on le redoutait beaucoup. De même que l'eau court à la
rivière, les nouvelles allaient chez Bancroche : les gendarmes s'y
arrêtaient en passant, les paysans en partant pour le marché, les
rebouteurs pendant leurs tournées, les éleveurs de bétail en revenant
de la foire, et les saltimbanques en traversant le village.

Des histoires de l'un, de la causerie de l'autre, des bavardages
de tous, Bancroche formait le fond de sa gazette orale. Le soir on
se réunissait chez le cabaretier sous le prétexte d'apprendre les
aventures du pays; Bancroche montait de la cave des pichets de
cidre, plaçait devant les amateurs des paquets de cartes grasses,
rongées aux angles, et s'effeuillant sous les doigts; alors commençaient des parties longtemps prolongées, dont les brocs de cidre
formaient les enjeux. Si quelque habitué absorbait un peu trop de
liquide, Bancroche refusait de le servir, d'abord; en cas d'insistance, il jetait poliment le consommateur à la porte. Quant à ceux
à qui manquait la force nécessaire pour rentrer chez eux, le cabare-

tier les étendait mollement dans la cour sur un lit de fumier. Jusqu'à dix heures on chantait des complaintes ou des airs à boire, on riait d'un gros rire chez le père Bancroche, et dans le village des Murelles il n'était pas un homme aussi franchement populaire que ce personnage à la démarche invraisemblable.

L'assemblée était déjà nombreuse dans la grande salle. Le printemps était froid ; les pommiers ne donnaient point d'ombre ; le père Bancroche profitait de la mauvaise saison, et les buveurs trinquaient gaiement, quand la porte s'ouvrit et laissa voir la tête basanée de Jean Paramé, le porte-balle.

Une exclamation de plaisir salua son arrivée. On savait que Paramé avait toujours quelques bonnes histoires dans son sac.

Le colporteur déposa sa bricole, se frotta joyeusement les mains, puis il s'avança vers l'aubergiste en disant :

— Toujours nombreux les clients ! toujours florissante, la santé, père Paramé ?

— Comme tu vois, mon garçon ; et la tienne ?

— Meilleure que jamais.

— Que faut-il te servir ?

— De la galette fraîche, si vous en avez, une tranche de lard et du cidre. Je viens de fournir une longue course ; j'ai l'estomac vide et le gosier sec.

— Voici, répondit Bancroche en apportant le souper de Jean Paramé.

— Et maintenant, ajouta le porte-balle, afin de doubler mon appétit et d'égayer mon arrivée, racontez-moi les nouvelles du pays.

— Les nouvelles ! Depuis combien de temps es-tu parti, mon garçon ?

— Dix mois, répondit Paramé.

— Le jour de la fête des Murelles !

— Justement.

Bancroche attira son verre, l'emplit consciencieusement, le choqua contre celui de Paramé, avala quelques gorgées et ajouta :

— Je peux faire provision de souffle et de salive, ce sera long. Et toi, mon garçon, ouvre toutes grandes tes oreilles, tu vas en apprendre de belles.

— J'écoute, dit le colporteur, fort intrigué par cet alléchant préambule.

— Par ainsi, mon camarade, c'est dans la journée, et pendant les danses, que tu t'éloignas du village, après avoir vendu des chan-

sons aux jeunes gens, des cantiques et des romans aux filles et demandé à Rose Tréguier une promesse qu'elle ne te fit point. Tu vois
que je suis au courant de tes faits et gestes.

— Comment savez-vous cela, père Dancroche? Je n'ai raconté
mes affaires à personne.

— On devine vite les secrets des jeunes, répondit le cabaretier.
Quand un beau garçon comme toi courtise une jolie fille comme
était la Rose, on comprend que, dans ce jeu-là, il retourne à l'amour...
Dame! elle était fière dans le temps, la belle meunière; mais sa
fierté est tombée, et, quant à sa beauté, tu ne la reconnaîtrais plus.

— Rose... Parlez donc, qu'est il arrivé à Rose? Vous me faites
peur!

— Le soir même de ton départ, mon garçon, un coup de fusil, tiré
dans la lande on ne sait par qui, tuait roide la vieille sorcière de-
meurant à côté de la Pierre-Levée.

— Comment! fit le colpoteur, la Louvarde... C'est bien la Louvarde que vous voulez dire?

— Elle-même; le diable n'a pu manquer de recueillir sa méchante
âme; mais la Louvarde était si mauvaise qu'elle est capable de
mettre le désordre en enfer... Certes, elle comptait beaucoup d'ennemis après avoir volé tous ceux qu'elle avait fait semblant de sauver de la ruine en leur prêtant ses écus. On accusa un de ses débi-
teurs de l'avoir assassinée, et Yves Tréguier passa en Cour d'assises... L'avocat parla longtemps, Rose pleura, Yves fut acquitté à
une seule voix de majorité... Les preuves du crime manquaient
un peu... Enfin le tribunal renvoya Tréguier libre, mais non pas
justifié pour tout le monde... Il le comprit, revint aux Murelles, afin
de mettre ordre à ses affaires, arrêta les meules du *Moulin des Trépassés*, prit son bâton et s'en alla à une dizaine de   lieues d'ici, où il
s'est engagé en qualité de valet de ferme.

Le porte-balle fit un geste d'étonnement et de regret.

— Et Rose? dit-il.

— Rose n'a point suivi son père. Mais sans doute le chagrin lui
a dérangé la cervelle, car, au lieu de rester une fille laborieuse
comme jadis, elle passe ses jours par les chemins, comme une
créature errante, sans feu ni lieu, couche le soir dans les granges
du voisinage, prend ses repas où elle se trouve. On ne peut dire
qu'elle mendie; elle paye exactement ce qu'elle dépense, mais rarement, bien rarement elle rentre au *Moulin des Trépassés*.

— Pauvre fille! murmura le colporteur.

— Tu sais combien jadis elle tenait à sa parure; tu ne la reconnaîtrais pas aujourd'hui. Je l'ai vue sans coiffe, les cheveux pendants, pieds nus, marchant dans la poussière des chemins ou le long du ruisseau qui de là-bas descend près des roues immobiles du moulin de son père. On dirait qu'une pensée l'absorbe et qu'elle cherche quelque chose tout le long de sa route. Souvent je l'ai rencontrée assise sous un arbre, lisant dans le fameux livre, dont une page a servi de bourre au fusil chargé par l'assassin de la Louvarde. Tu sais, garçon, elle a toujours été pieuse. Quand on lui demande ce qu'elle cherche dans ce vieux volume, elle répond: « Je crois que, à force de lire, j'y trouverai le moyen de rendre l'honneur à mon père. Je ne cesse d'invoquer Dieu, il m'exaucera. »

— Vrai, je n'ai pas le cœur trop tendre, dit le colporteur, mais ce que vous me racontez me navre, père Bancroche... J'aimais beaucoup Tréguier; quant à Rose...

— Tu lui en as conté dans le temps, n'est-il pas vrai, ami Paramé?

— Je lui ai demandé si elle voulait être ma femme, répondit le colporteur.

Et elle t'a refusé?

— Elle m'a refusé.

— Pourquoi?

— J'ai cru comprendre qu'elle en aimait un autre, et je n'ai pas insisté.

— Cet autre s'appelait Gildas Kermoël. Tu connais maintenant le nom de ton rival.

— En êtes-vous certain?

— L'amour de Gildas a fait assez de bruit dans le pays. Même après le procès du père, procès qui n'a point lavé la réputation de Tréguier, Gildas continua à aimer Rose. Il faut rendre cette justice à la pauvre fille, elle a déclaré que jamais elle n'épouserait le jeune marin et lui a rendu sa bague de fiançailles. Mais la résolution de Rose, la volonté de Jacques n'ont rien pu contre l'entêtement du garçon. Le fermier a tenté de renouer ses projets d'union avec Marie la Rousse, mais Gildas, malgré les plus pressantes sollicitations de son père, a déclaré qu'il ne prendrait jamais femme avant que Rose fût mariée ou qu'il la reconnût indigne de lui.

— Où pensez-vous que se trouve aujourd'hui la fille de Tréguier?

— Qui le peut savoir? En rôdant autour du moulin ou dans le cimetière, tu as peut-être chance de la rencontrer.

— Nous avons beaucoup parlé de Rose, reprit le colporteur. Et la Louvarde?

— Personne n'y songe plus, ici.

— Ses héritiers?

— Nul ne lui en connaît.

— Que sont devenus sa maison, ses meubles? Personne n'est venu en réclamer la propriété?

— La maison est bâtie moitié en pierres moitié en terre; des genêts en faisaient la porte et la toiture: voilà-t-il pas un bel immeuble! Depuis longtemps le vent qui pleure à travers la lande en aurait dispersé les tavillons, si le menhir ne soutenait cette cabane. La première sorcière ou le premier mendiant venu peut bien l'occuper, nul ne la lui disputera. Mais je jure que pas un bon chrétien ne se risquerait à y demeurer dans la crainte de voir apparaître chaque nuit le fantôme de la Louvarde... D'aucuns disent déjà l'avoir vue errer le long de la genêtaie enveloppée dans un grand manteau et agitant ses longs bras décharnés.

— Eh bien ! camarades, fit le colporteur en s'adressant aux buveurs qui prêtaient l'oreille à la conversation et aux joueurs qui oubliaient de remuer leurs cartes grasses, si vous voulez demain des nouvelles fraîches du fantôme, vous pourrez venir me trouver; je vous en donnerai, car, forfanterie ou courage, je coucherai cette nuit dans la masure de la sorcière.

— Tu n'es point bête, mon gars, fit le père Bancroche ; pour prendre une semblable résolution, il faut que tu croies que la vieille a laissé sa peau de couleuvre remplie de louis d'or dans la paillasse de son taudis; mais ses meubles ont été démontés, sa paillasse déchirée et secouée au vent, et l'on n'y a trouvé que de la vermine. Libre à toi de tenter l'aventure ! Mais si tu dois cette nuit lutter contre des fantômes, peut-être ferais-tu bien de vider une bonne bouteille de vin en notre compagnie. Il faut prendre des forces avant de se lancer dans pareille aventure.

— C'est bien, je régale ! fit le colporteur. Apportez-nous quelques fioles de derrière les fagots.

Bancroche descendit au cellier et remonta avec un panier rempli de bouteilles poussiéreuses. Elles furent vite vidées ; on trinqua à la réussite de l'entreprise; bientôt le porte-balle régla son compte, reprit son sac et partit en faisant le moulinet avec son bâton.

— Si les poulpiquets allaient lui tordre le cou..., dit un des buveurs.

— Pour brave, je le suis, ajouta un autre, j'ai enfoncé d'un coup de tête la poitrine de Louisic, le plus solide gars de Quimper, et je me suis battu au fouet à Lorient : une manière de duel que vous ne connaissez pas, vous autres, et qui peut être plus dangereux qu'une bataille à l'épée. Eh bien ! vous me croirez si vous voulez, je n'irais pas sans trembler dans la cabane de feu la Louvarde. Elle ne me revenait pas, la vieille, et elle devait avoir le diable dans son jeu.

— Bah ! dit Bancroche avec un gros rire ; quand Paramé est allé mettre un cierge devant le glorieux saint Michel, dont la basilique semble sortir de la pleine mer debout sur sa roche, m'est avis que c'est devant le diable son compère qu'il l'a fait brûler. Ne vous souvenez-vous point qu'il donnait à la Louvarde des livres de magie, remplis de recettes impies enseignant le moyen de faire apparaître les âmes du purgatoire, et de faire mourir son ennemi dans l'année. Si la Louvarde apparaît à Paramé, soyez sûrs qu'elle ne lui fera point de mal.

Pendant que les habitués de Bancroche échangeaient ces propos, le porte-balle se dirigeait vers la lande.

La soirée était fraîche, un vent sec agitait les genêts bruissants et pleurait dans les branches. Parfois un oiseau s'envolait, troublant seul de son cri le silence de la nature.

— Pauvre Rose ! murmura le colporteur, si je savais où elle se trouve maintenant, je courrais à elle, pour la supplier de ne me point repousser comme jadis. Peut-être m'accueillerait-elle mieux ? Mais non, elle doit être restée aussi fière. Rien ne vaincra ce caractère à la fois doux et ferme. Parce qu'elle a refusé de devenir la femme de Gildas, cela ne prouve point qu'elle ait cessé de l'aimer. Le vieux Kermoël l'aurait dédaignée, elle a préféré se briser le cœur, et elle a bien fait : c'est une honnête fille.

Jean secoua la tête comme s'il espérait chasser la pensée de Rose, puis son souvenir se reporta sur la Louvarde.

— Une vieille folle ! dit-il, et maniaque ! Je gage qu'elle aura enterré son argent... N'aurait-elle pas mieux fait de me le léguer ? Il est vrai que, lors de notre dernière rencontre, elle me promit une part de sa succession... Des papiers... les titres de la Louvarde ! Eh ! eh ! après tout, elle avait un cœur comme une autre, la vieille ; je lui donnais des brochures, des bouquins ; son legs va peut-être me payer de ces attentions en bonnes espèces sonnantes... Que peut-il y avoir dans ces papiers ?

Jean Paramé traversa la lande, et, quand il se trouva au bout, il

vit comme un trou noir la baie de la porte de la cabane abandonnée.
Il jeta autour de lui un regard non pas craintif, mais défiant ; puis
une fois entré, il referma la clôture de branches de genêts, tira des
allumettes de sa poche, alluma une sorte de petite lanterne sourde
qui ne le quittait jamais, et inspecta le taudis de la morte. Bancroche avait dit vrai. On avait brisé les meubles, crevé la paillasse, dérangé les fagots, creusé le sol sous l'âtre de la cheminée, dans
l'espérance de découvrir le trésor de l'usurière ; mais tout avait été
inutile : les cachettes de la Louvarde étaient sûres.

Jean Paramé haussa les épaules, sortit, fit le tour du menhir, et
trouva l'endroit désigné par la Louvarde sans pouvoir déchiffrer les
caractères gravés sur la pierre druidique ; il comprit qu'il devait
creuser du côté de l'inscription.

Il prit dans sa poche un large couteau rapporté d'Espagne, fouilla
le sol à la profondeur d'un pied, puis subitement il élargit à deux
mains le trou qu'il venait de faire ; la pointe de sa navaja venait de
rencontrer un objet de métal. Une seconde après, il déterrait un étui
de fer-blanc.

— Le legs de la Louvarde ! murmura-t-il en approchant l'étui de
sa lanterne.

Alors, avec une hâte facile à comprendre et qui accéléra les battements de son pouls, le porte-balle repoussa la terre au pied du
menhir, puis il rentra dans la cabane. Après avoir redressé la table
boiteuse, il posa dessus sa petite lampe, ouvrit avec assez de peine
l'étui rouillé, puis il prit différents papiers jaunis par le temps et
l'humidité. Le premier qu'il parcourut ne sembla pas grandement
exciter son attention ; il contenait le récit très bref de l'assassinat d'un voyageur trouvé mort sur la route de Vannes, près
de sa valise éventrée. Ce papier, imprimé et découpé dans un
journal, avait été ensuite collé sur une feuille blanche. Jean Paramé
ne se souvenait point d'avoir entendu parler de ce meurtre dont la
date se rapportait à sa première jeunesse. Mais une lettre accom-
pagnait ce papier. La lettre, d'une écriture inégale, devait être celle
d'un homme du peuple. Paramé tourna la page et sauta à la signa-
ture.

— Kermoël ! dit-il.

Ce fut une révélation.

Avant même qu'il prit connaissance de la lettre, il retrouva au
fond de son souvenir une histoire vague encore, mais dont les détails ne pouvaient manquer de se préciser.

Plus d'une fois des gens du pays, irrités par la morgue du vieux
Jacques, ou envieux de sa richesse, avaient laissé échapper des al-
lusions à la source de sa fortune. Chaque fois, Jean Paramé en était
maintenant certain, on avait parlé de la trouvaille d'une ceinture
ou d'une valise, enfin d'un trésor que Kermoël se serait attribué sans
droit. D'autres ajoutaient même qu'il avait assassiné, pour le dépouil-
ler, le marchand de bœufs qui avait été laissé sanglant sur la lande.

Afin de ne pas perdre un mot de la lettre qu'il allait déchiffrer,
le colporteur rapprocha sa lanterne et lut.

Dès les premiers mots il bondit.

La lettre, adressée à la Louvarde, était la promesse formelle de
lui venir en aide, chaque fois qu'elle demanderait un secours quel-
conque au fermier, pourvu qu'elle gardât le silence le plus absolu
sur tout ce qu'elle savait au sujet de la mort du marchand de bœufs
assassiné dans la lande.

— Bah ! fit le porte-balle, Kermoël !... Voilà une singulière histoire !

Un troisième papier, écrit tout entier par la Louvarde, racontait
que, revenant un soir de la ville de Vannes, et ayant pris à travers la
genêtaie au lieu de descendre sur la route, elle avait aperçu deux
hommes luttant avec une terrible énergie. A la fin, l'un deux était
tombé. Deux mains s'étaient crispées autour de son cou, et il était
mort sans avoir pu pousser un cri. Alors l'agresseur, relevant la
blouse de son adversaire, avait tranché les courroies de sa ceinture de cuir, puis éventré un sac que l'homme portait en bandou-
lière. Au moment où l'assassin enfouissait dans ses poches l'or du
malheureux marchand, la Louvarde, le rejoignant sans bruit, l'avait
surpris dérobant l'or de sa victime.

Kermoël offrit d'acheter son silence.

Trop fine pour accepter, elle refusa et menaça de tout dire.

Ce fut alors que Kermoël, sous la terreur d'être immédiatement
dénoncé, écrivit à la Louvarde la lettre qui le mettait à sa discrétion.

— Je comprends tout, fit le porte-balle, et la fortune du fermier, et
la façon dont la Louvarde se procurait de l'argent. Kermoël se trouvait pris, il ne lui restait qu'à payer.

Il replaça les papiers dans l'étui de fer-blanc, qu'il enfonça dans
la poche intérieure de sa veste et murmura :

— Il vaut quelque chose, le legs de la Louvarde. En lui apportant
mes volumes de magie noire et mes *Secrets du Grand Albert*, je ne
savais point placer mon argent à si gros intérêt.

Cette découverte avait complètement chassé toute idée de sommeil. Le colporteur classa les faits dans son souvenir, puis il s'accouda sur la table et y demeura immobile jusqu'à ce que, le froid le saisissant en même temps que se levait le jour, il quittât la cabane et se mît à marcher à grands pas pour se réchauffer.

Quand il eut retrouvé l'élasticité de ses membres, il retourna au menhir, replaça soigneusement la terre, la mousse et les pierres, puis il quitta la lande et prit le chemin du village.

En approchant du *Moulin des Trépassés*, son cœur, comme mu par un secret instinct, se mit à battre avec violence.

Il venait d'apercevoir une forme svelte debout près du ruisseau, et son âme plus que son regard avait immédiatement reconnu Rose Tréguier.

Il s'approcha rapidement sans que la jeune fille parût l'entendre.

— Rose! dit-il, Rose!

La jeune fille tressaillit, leva la tête, le reconnut et lui tendit la main.

Comme elle était changée! Sa fraîcheur avait disparu; elle portait des haillons mal attachés autour d'elle; sa chevelure admirable flottait sur son dos. Un bouquet de fleurs sauvages s'épanouissait à sa ceinture, seul indice que la belle fille du meunier prît encore souci de sa parure.

L'expression de son regard était si profondément douloureuse, tout en elle indiquait une perturbation si grande dans les habitudes, un tel désordre de pensées, que Jean Paramé sentit se réveiller sa tendresse.

— Rose, dit-il, ma chère Rose, il s'est passé des choses bien tristes depuis que nous ne nous sommes vus. Vous avez souffert, et j'ai pensé à vous... De votre côté n'avez-vous pas un peu réfléchi? Votre père est ruiné, et vous restez quasi orpheline. Les gens du village se détournent sur votre passage. Ne vaudrait-il pas mieux m'accepter pour mari que de vivre seule comme vous faites?... Autrefois vous redoutiez d'être la compagne d'un errant : je me fixerai dans le pays, soyez tranquille! Je vous ferai heureuse parce que je vous aime, et riche parce que demain, si je le veux, j'aurai assez d'argent pour acheter la plus belle maison du pays.

— J'avais tort de me montrer fière, dit Rose Tréguier d'une voix douloureuse : Dieu m'en a cruellement punie, le *Moulin des Trépassés* ne tourne plus... Mon père est devenu valet aux gages d'un maître exigeant; moi je parcours le pays dans tous les sens, et Dieu sait quand il me sera permis de m'arrêter... Vous comprenez bien que je ne puis ni ne dois me marier, Jean... D'abord le souvenir de celui que j'aimais ne m'a jamais quittée... Ensuite, tant que mon père sera l'objet du mépris, je resterai ce que je suis devenue... la *Fille errante...*

— Cela ne se peut pas, Rose, non, vraiment, cela ne se peut pas!

— Pourquoi, Jean?

— Votre réputation...

— Qui se soucie aujourd'hui, qui se préoccupe de la fille de Tréguier, l'assassin de la Louvarde! Car, pour les gens du pays, mon père est bien réellement l'assassin de la sorcière. La décision des tribunaux n'a pas pu le laver de cet horrible soupçon.

— L'homme que vous épouserez y songe pour vous, Rose, ne l'oubliez pas.

— Je me regarde comme une veuve.

— Gildas Kermoël vous aime cependant toujours... Vous le savez bien, Rose.

— Pauvre Gildas! murmura-t-elle sanglotant et cachant son visage dans ses mains.

— Et moi, moi dont vous n'avez jamais eu pitié, moi dont vous avez toujours repoussé les avances.

— Jean, dit-elle de sa voix brève et sans timbre, si je pouvais aujourd'hui oublier et faire don de ma vie, je serais bien touchée de votre générosité; mais la peine qui me dévore ne finira sans doute qu'avec moi. Je vous remercie vivement de vos intentions, mais n'attendez rien de moi! jamais, entendez-vous, Jean Paramé, jamais!

— Ceci me regarde, dit le colporteur. En attendant, qui sait? j'aurai peut-être ce soir à vous donner d'importantes et extraordinouvelles.

— A moi?

— Oui, à vous.

— Qui vous le fait croire?

— Je me rends à la ferme de Kermoël. Je compte voir le père de Gildas.

— N'y prononcez pas mon nom, je vous en supplie, dit Rose. Ne faites aucune allusion à moi. Il arrivera ce qu'il plaira à Dieu, et d'avance je suis résignée.

Le porte-balle serra les mains de Rose et reprit tout songeur le chemin du village. La jeune fille entr'ouvrit lentement son bissac de toile, prit le livre qu'elle y cachait avec soin, et murmura en l'ouvrant :

— Mon Dieu, permettez que je puisse rendre l'honneur à mon père !

— Taisez-vous! Taisez-vous! s'écria Jacques Kermoël. (Voir page 68.)

CHAPITRE VI

LE PÈRE ET LE FILS

Jacques Kermoël et son fils étaient tous deux assis dans la grande salle de la ferme. Le marin lisait un volume de voyages qui semblait absorber toute son attention, tandis que le vieux Jacques repassait dans un lourd registre de longues colonnes de chiffres.

A mesure que le fermier avançait dans ce travail, son visage, à l'expression si dure d'ordinaire, paraissait s'éclairer; un sourire errait sur ses lèvres minces, et son regard terni brillait par intervalles comme si le reflet de l'or l'emplissait de lumière.

Il ferma lentement le registre avec une sorte de religion, le caressa de la main, croisa dessus ses bras comme s'il redoutait qu'on pût ou le lui ravir ou même en pénétrer les secrets, puis il leva le front et dit d'une voix qu'il s'efforça d'assouplir :

— Gildas !

Le marin repoussa le volume qu'il parcourait.

— Que souhaitez-vous, mon père?

— Es-tu toujours décidé à partir ?

— Oui, si vous vous obstinez à me faire épouser Marie la Rousse.

— Une fois, une seule, laisse-moi t'expliquer notre situation, tu comprendras pourquoi je persiste dans mon désir. Un fils peut bien accorder quelques moments d'entretien à son père. Quand je t'aurai montré tout ce que j'ai dans l'esprit et sur le cœur, tu te prononceras. Je ne puis t'obliger ni à te montrer respectueux en m'obéissant, ni à me prouver ta tendresse en cédant à mon désir. Cette conversation sera peut-être la dernière que nous aurons ensemble...

— Parlez donc, mon père! dit Gildas avec une froide déférence.

— Tu m'en veux de l'opposition que j'ai mise à ton mariage avec Rose Tréguier, quand tu devrais, au contraire, m'en témoigner de la gratitude. Si je t'avais laissé suivre le penchant qui t'entraînait vers elle, où en serions-nous? Tréguier, méprisé de tous, sert maintenant chez des étrangers, et sa fille, traitée de folle par les gens bienveillants, est considérée par les autres comme une coureuse de grands chemins...

— Mon père !

— Je t'ai dit que tu pourrais me répondre, laisse-moi poursuivre. J'ai commencé durement la vie ; depuis cinquante ans que je suis au monde, je ne me suis guère reposé. Des héritages venus à propos, la persistance d'une conduite régulière, une patience à toute épreuve, de l'adresse à saisir les bonnes occasions, ont fini par faire de moi le propriétaire le plus riche du pays. Tu comprends, mon garçon, qu'on attache du prix à une fortune gagnée de la sorte. Pour ceux qui n'ont d'autre peine que de recueillir le bien de leur famille, le sentiment de la possession garde moins de violence. Je tiens à ma terre avec amour, avec frénésie, et à mes écus autant qu'à ma terre. L'argent est destiné à se multiplier, à la façon des semences que l'on jette dans un sillon. Plus on en a, plus on doit viser à en posséder davantage. L'argent procure le repos, le luxe, et fait parvenir aux dignités. L'argent est tout! Celui qui n'en a pas croupit le plus souvent dans la fange...

— Et l'honneur, mon père? demanda Gildas.

— On peut beaucoup aimer l'argent et demeurer honnête, je ne dis pas. Mais puisque tu parles d'honneur, il ne t'est plus possible de songer à devenir le mari de Rose.

— Vous vous trompez, mon père.

— Connais-tu le nom dont on l'appelle dans le pays?

— La *Fille errante*, je le sais... Mais qui l'a réduite à cette condition? qui a fait d'elle, l'enfant heureuse de Tréguier, une pauvre créature repoussée de tous les seuils? Les calomniateurs et les méchants. Rose n'est ni une folle ni une fille perverse; ce qu'elle fait aujourd'hui doit avoir un but, et je ne me permettrai point de l'accuser sans savoir si j'en ai le droit. Le malheur est-il donc une lèpre, que nous devions le fuir comme s'il devenait contagieux? Ah! tenez, la persécution à laquelle Rose est en butte me la rend mille fois plus chère et plus sacrée. Cependant la chère fille n'a point encouragé ma persévérance. Depuis le terrible procès dont Tréguier est sorti à la fois acquitté et perdu, Rose ne semble plus croire qu'elle a droit à la pitié, à la tendresse. Elle me repousse avec plus d'obstination encore que vous ne la dédaignez. Quand je l'ai vue, elle a tenté de me faire renoncer à des projets qui jadis paraissaient lui sourire. Mais je comprends ses raisons, je les partage, je les approuve. Rose ne se mariera point avant que son père soit réhabilité dans l'opinion publique. Elle attend de la Providence une révélation inattendue. Certes, Rose Tréguier m'était chère, elle m'est aujourd'hui sacrée... Je vous ai écouté, mon père, vous avez promis à votre tour de m'entendre... Je ne hais point l'argent pour lui-même; j'en gagne, et je ne me sens pas moins d'ambition que vous n'en avez vous-même, seulement l'argent est bon à faire des heureux, à consoler, à rendre la vie large et douce à ceux qui nous entourent. Ce n'est pas pour moi un métal dont le froid se communique au cœur, et qui nous rend égoïstes et durs. Je voudrais être riche afin de me montrer meilleur, afin de donner davantage. Ma fortune rayonnerait sur tous, non point avec dilapidation, mais d'une façon sage, discrète. Oui, j'aimerais à posséder de grands biens pour en faire un noble usage... Mais je ne voudrais pas une tache sur cet or... Je voudrais être sûr que la source de cette fortune est pure ; car j'ai de l'orgueil, et jamais, jamais je ne veux avoir à rougir!

— Que signifie, Gildas?

— Croyez-moi, mon père, poursuivit le jeune homme, ne vous montrez jamais dur à l'égard des autres ; qui sait si jamais on ne vous a, non pas accusé, mais soupçonné... ,

— Soupçonné! moi! fit Jacques Kermoël en se levant avec violence.

— Oui, soupçonné d'avoir profité de la situation gênée d'un pauvre homme pour vous rendre acquéreur d'un champ ou d'une maison... Les gens de village ne sont pas meilleurs que ceux des villes. Vous voyez, par la façon dont on s'est conduit à l'égard de Tréguier, le peu de bonté que l'on a le droit d'attendre.

— Je ne crains rien! je ne crains rien ! fit Kermoël d'une voix vibrante, ceux qui disent que ma fortune n'est pas légitimement à moi ont menti...

— Nul ne tient semblables propos, mon père. Si cela était, je refuserais à l'instant même ma part de votre héritage, et je vous demanderais seulement la part légitime de ma mère...

— Quoi! fit Kermoël, tu exigerais des comptes!...

— Je l'ai jusqu'à présent évité, voulant ne devoir qu'à votre tendresse l'aisance que je souhaite voir régner dans mon ménage. Plus Rose a souffert, plus elle aura besoin de soins et de tendresse. Vous m'aiderez à les lui prodiguer. Je le sais, il vous en coûtera beaucoup d'abord de renoncer à me voir le mari de Marie la Rousse, mais vous vous y accoutumerez. Cette fille, orgueilleuse de son argent, dure aux pauvres, et méchante pour tous, vous aurait rendu malheureux, tandis que Rose vous comblera de prévenances. Elle a tellement souffert qu'elle sera deux fois reconnaissante de son bonheur. Voyons, mon père, cédez à la prière de votre fils. Prouvez-lui que vous l'aimez. On a repoussé Tréguier d'une façon dure, inique ; donnez l'exemple de la justice. Il est malheureux, allez le premier vers lui, les infortunés sont défiants et humbles. Répétez-lui que j'aime sa fille, que vous l'attendez pour la bénir. Tout le monde suivra votre exemple aux Murelles... Vous ferez cela, n'est-ce pas? dites que vous le ferez.

— Jamais! dit Jacques Kermoël en se levant.

— Je me montrerai non moins résolu que vous, mon père, et voici ce que j'ai décidé : Rose ne deviendra jamais ma femme contre votre gré et tant que l'estime générale ne sera point rendue à son père.

Je ne pourrais supporter le spectacle de sa douleur et de sa misère et je me rembarquerai. Quand reviendrai-je? Dans deux ans, peut-être; alors, comme aujourd'hui, je l'aimerai de toute mon âme, et je vous demanderai de nouveau de consentir à mon mariage.

— Pourquoi cette soumission feinte? La loi te permet de te passer de mon consentement.

— Rose n'accepterait point d'entrer ainsi dans notre famille.

— N'exigeras-tu point bientôt que je lui en témoigne de la reconnaissance?

— Vous lui en devez peut-être déjà, mon père.

— Quand partiras-tu?

— Environ dans quinze jours.

— C'est bon! fit Kermoël.

Le fermier se leva, prit son grand-livre et l'enferma dans une armoire dont il tira la clef.

En même temps la figure un peu pâlie du colporteur se montra dans l'entre-bâillement de la porte.

— Que désirez-vous, Paramé? demanda Kermoël.

— Ne m'achèterez-vous point quelques livres, monsieur Gildas? J'ai des romans, des récits d'aventures sur mer! Et vous, vieux Jacques, vous qui devez aimer à savoir le temps qu'il fera afin de rentrer vos récoltes, voilà ce qu'il vous faut... En plus, je vous conseille de prendre ce petit volume, contenant plus de science qu'il n'est gros... il vous apprendra des secrets curieux...

— Aussi curieux que ceux grâce auxquels la Louvarde guérissait de la fièvre et prédisait l'avenir?

— Justement, répondit Jean Paramé.

— Je n'ai besoin de rien, répondit sèchement Jacques Kermoël.

— Je n'en dirai point autant que vous, fit le colporteur en prenant un siège qu'on ne lui offrait point; j'ai terriblement soif, il reste un pichet sur cette table, et j'espère que vous me permettrez de le boire à votre santé!... D'ailleurs je suis certain que je finirai par vous vendre quelque chose.

Quelque mécontent que fût le fermier de voir avec quel sans-gêne Jean Paramé s'installait, le sentiment de l'hospitalité est si grande en basse Bretagne que le fermier approcha un verre, le remplit de cidre et le tendit au porte-balle.

Gildas quitta la salle.

— Quel beau et bon garçon vous avez, dit Jean Paramé en posant son verre vide sur la table, vous devez l'aimer encore plus que votre argent. Vrai Dieu ! si j'ai jamais envié la situation d'un homme, c'est la vôtre, Jacques Kermoël. Rien ne vous a manqué : votre femme était belle, douce et parfaite ; elle vous a laissé un fils dont vous pouvez être fier. Vos affaires ont prospéré plus que celles de tous les habitants de la commune ensemble, et il m'est avis que vous devriez conjurer le malheur à venir, en vous montrant bon et généreux à l'égard de ceux qui n'ont pas eu autant de chance. Je vous ai toujours aimé, moi ! On ne me regarde pas dans le pays comme un homme sérieux ; mais je me range, j'abandonne la vie des grandes routes, et quand j'aurai vendu tout ce qui me reste au fond de mon sac, je me fixerai aux Murelles.

— Vraiment !

— Et j'épouserai Rose Tréguier dont je suis amoureux.

— Rose ! Vous aimez Rose ?

— Vous me trouvez sans doute bien orgueilleux d'oser la disputer à votre fils ; mais le cœur nous mène, vieux Jacques. J'aurai beaucoup d'obstacles à vaincre, mais j'en triompherai comme je ferai de votre avarice, car vous êtes avare, père Kermoël, avare comme Judas, selon le dire de chacun...

— On pense mal, on dit plus mal encore.

— Revenons au marché que je tiens à conclure avec vous.

— Vos almanachs ?

— D'abord.

— Je n'en ai pas besoin.

— Vous avez tort. Il est toujours utile de savoir si l'on continuera à avoir pour soi le bon vent et le soleil, et d'apprendre si l'on mourra tranquillement dans son lit ou si l'on ne montera pas les marches de l'échafaud.

— L'échafaud ! Jean Paramé, vous avez vraiment une lugubre façon de proposer votre marchandise.

— Je manque d'adresse plus que de ténacité.

— Et vous ferez du commerce avec moi ?

— Naturellement... Je vous offre toute ma boîte.

— Pour combien ? demanda Kermoël.

— Vingt mille francs.

— Vous y avez donc caché dix-neuf mille neuf cent quatre-vingt-dix-neuf francs soixante-quinze centimes, car vos almanachs ne valent que cinq sous ?...

— Qui vous dit que je n'ai pas autre chose à vendre que des almanachs ? A force de rouler, j'ai agrandi mon commerce ; je ressemble aux auteurs dont je débite des livres, je trafique de mes manuscrits, et je puis céder les *Mémoires* des autres ! Tenez, par exemple, je possède un document unique, valant la moitié de votre fortune... Et cependant vous êtes riche, Jacques Kermoël.

— Finissons ! dit le fermier dont le regard vipérin se coula en dessous afin d'étudier la physionomie de Jean Paramé. Je dois travailler avant de me rendre à la ville.

— Bah ! je vous affirme que vous n'avez rien de plus pressé que de m'entendre. Vous voulez terminer vos affaires de famille, je vous y aiderai. Vous redoutez que votre fils Gildas devienne le mari de Rose Tréguier... Rassurez-vous ; si je le veux, elle n'épousera jamais votre fils.

— Je l'espère bien ! fit Kermoël.

— Elle le trouverait indigne d'elle ! ajouta froidement le colporteur.

— Quoi ! cette malheureuse dont le père fut acquitté à la majorité d'une voix, cette *Fille errante*, que l'on rencontre tantôt le long des routes, tantôt dans les taillis, trouverait au-dessous d'elle Gildas Kermoël ?

— Je n'ai pas voulu dire cela, fit Paramé. Cette *Fille errante*, comme vous l'appelez dans votre dédain, est la plus sage, la plus belle, la plus dévouée des créatures. Je ne suis pas digne de dénouer les cordons de ses souliers, et, tout en multipliant mes efforts pour devenir riche, je désespère souvent d'être accepté par elle. Vous savez bien que Tréguier n'a pas assassiné la Louvarde. Pourquoi l'aurait-il fait ? La mort de la créancière n'éteignait pas la dette. Pour tuer il faut des motifs plus pressants, plus implacables. Ah ! par exemple, si la Louvarde avait possédé contre Tréguier une pièce terrible, si elle avait connu un de ces secrets qui mettent un homme à la disposition d'une créature avare, haineuse, c'eût été différent. Tréguier ne niait pas cette dette contractée par tendresse pour sa fille, qu'il voulait voir riche. S'il laissait protester le billet de la Louvarde, les terres répondaient de sa créance. Rien ne se trouvait perdu ; les braves gens l'auraient aidé. Mais la Louvarde gênait secrètement dans le pays plus d'un homme riche et considéré. D'un mot elle pouvait faire prendre à quelqu'un, sur les bancs de la Cour d'assises, la place où le pauvre Tréguier est allé s'asseoir... Et la Louvarde a été tuée par un homme ayant à sa mort un intérêt de ce genre...

— Pourquoi, pendant le procès, n'avez-vous pas fait part de vos soupçons à la justice ?

— J'ignorais alors ce que je sais aujourd'hui. Mais il importe peu que mon absence ait empêché des révélations curieuses; Tréguier a été reconnu innocent; la justice peut et doit encore chercher le véritable coupable. Je puis lui aider dans sa tâche, et je le ferai.

— Quel intérêt y avez-vous?

— J'en puis avoir deux, très divers et tendant au même but. Je vous l'ai dit, j'aime Rose Tréguier; pour obtenir sa main, il faut plus d'une condition, je tenterai de les remplir toutes. Vous ne comprenez rien dans le pays à la triste mission que cette fille s'est donnée. Ce n'est pas en s'enfermant au *Moulin des Trépassés* qu'il lui serait possible d'apprendre quelque chose sur le crime commis dans la lande du menhir. Sa vie vagabonde lui permet de recueillir des indices, de prendre des renseignements. Si je disais à Rose: « Je vous apporte mon aide, ou plutôt je vous la vends; jurez-moi de devenir ma femme, et je prouverai à tous l'innocence de votre père en désignant le vrai coupable... » Rose me promettrait sa main sans hésitation.

— Mais, vous l'avez dit, elle aime Gildas.

— Soit! Mais son honnêteté dompterait cette inclination. Croyez-vous, d'ailleurs, qu'elle pourrait songer à unir sa vie au fils de celui qui vivait dans la dépendance de la Louvarde, et que la Louvarde...

— Paramé! s'écria Jacques Kermoël en se levant.

— Vous le voyez, maintenant, je sais tout.

— Moi! dépendre de la Louvarde! une semblable calomnie ne sera crue de personne...

— De personne! Quand je montrerai l'article d'un vieux journal racontant l'assassinat du marchand de bœufs... quand je remettrai un mémoire écrit tout entier de la main de la sorcière de la lande, et précisant ce qui se passa sous ses yeux à côté du menhir... quand je présenterai une lettre de vous promettant à la Louvarde, pour prix de son silence, de lui donner tout l'argent qu'elle vous demandera...

— Taisez-vous! Taisez-vous! s'écria Jacques Kermoël devenu blême.

— Ah! vous comprenez maintenant!

— A votre tour, combien voulez-vous pour quitter le pays?

— Vingt mille francs.

— Vous les aurez.

— Quand?

— Vous ne pensez pas que j'aie vingt mille francs chez moi?

— Peut-être? Combien vous faut-il de temps pour vous les procurer?

— Huit jours.

— Soit. J'attendrai huit jours.

— Où vous trouverai-je pour vous livrèr la somme?

— A la maison du menhir.

— Quoi! dans la maison de la Louvarde?

— Pourquoi non? Tout le monde en a peur, excepté moi! Et nul ne m'en dispute la possession.

— Donnant, donnant..., ajouta Jacques Kermoël.

— Oui, répondit Jean Paramé.

— Et d'ici là?

— Un silence d'autant plus absolu qu'il vaut vingt mille francs.

Le colporteur sortit de la salle de la ferme, traversa la grande cour, et d'instinct se dirigea vers le *Moulin des Trépassés*.

Jean Paramé était loin de posséder une grande délicatesse de conscience; il avait des appétits assez violents pour conclure un marché déshonorant. L'amour qu'il ressentait pour Rose, car il l'aimait avec une persistance passionnée, n'était point assez pur pour élever son âme. Il trafiquait en ce moment de son bonheur, de la réputation de son père, afin d'arriver à l'épouser, car il espérait que, lorsqu'il aurait touché les vingt mille francs promis par Jacques Kermoël, Tréguier, réduit à l'impuissance, désespéré de voir mener à sa fille une vie misérable, serait le premier à lui conseiller de devenir la femme du colporteur. Il sentait bien au fond de son âme qu'une seule chose eût été vraiment digne et grande, et que, en livrant à la justice les secrets de Jacques Kermoël, il aurait vraiment mérité de la part de Rose une profonde reconnaissance. Mais l'appât des vingt mille francs le fascinait. Il essayait de se persuader que, en faisant Rose presque riche, il travaillait plus efficacement à son bonheur qu'en rendant l'honneur à son père.

Il marchait rapidement, se demandant ce qu'il allait dire à la jeune fille, quand il se trouva en face du cabaret de la *Branche de gui d'or*. Il y entra afin de puiser un courage factice dans une demi-ivresse. Lorsqu'il en sortit, la hardiesse étincelait dans son regard, et il se sentait prêt à dire à Rose ce que jamais il ne lui avait révélé d'une façon complète.

Il l'aperçut à la place même où il l'avait laissée. La *Fille errante* tenait toujours les yeux baissés sur son vieux livre.

— Pardon, mademoiselle Rose, lui dit-il d'une voix presque ti-

mide, je vous ennuie peut-être. Il faut me pardonner, voyez vous...
Quand on a dans le cœur une seule pensée, on n'est pas bon à
grand'chose. Je voudrais bien vous prouver combien vous m'êtes
chère. Je ne pense qu'à vous, je n'ai qu'une espérance. Dites-moi
que vous ne me détestez pas...

— Vous détester, Jean Paramé, et pourquoi ? J'ai pu refuser de
devenir votre femme, parce que vous ne me sembliez point présen-
ter de grandes chances de bonheur à une compagne ; mais vous
m'avez tendu la main dans le malheur, et je ne l'ai point oublié.

— Je n'avais pas de mérite à cela, aucun mérite... Vous me
sembliez plus digne de respect et d'amitié au milieu de tous vos
chagrins... Ils vont finir, voyez-vous. Je vais être riche, bien riche...
Vingt mille francs tout au moins...

— Et où les trouverez-vous, Jean? demanda Rose dont le regard
interrogea le visage du colporteur.

— J'ai fait un héritage, dit-il, un grand héritage... Les secrets
de la Louvarde... des secrets qui valent de l'or... Quand nous aurons dépensé les vingt mille livres, je trouverai le moyen d'en avoir
d'autres... mais il ne faudra pas le dire.

La face de Jean Paramé brillait de convoitise, et Rose s'effraya
presque de le voir si différent de lui-même. Peut-être l'avait-elle
rencontré plus d'une fois, gai d'une gaieté bruyante et touchant de
près à l'ivresse ; mais, cette fois, il semblait sous le coup d'une
exaltation dont elle fut épouvantée. Un instinct secret lui révéla
que Jean Paramé se trouvait mêlé à quelque sombre drame.

— Vous vous trompez, lui dit-elle, si vous croyez que la fortune
pourra jamais me tenter. Ma vie a un but, et je ne songerai point à
moi avant de l'avoir atteint...

— Oui, répondit le colporteur, vous voulez sauver votre père...
Mais qui prouve que je ne puis vous y aider?

— Vous!

— Moi, oui, Rose, moi.

— Jean! dit la jeune fille dont les grands yeux brillèrent à travers
ses larmes, vous m'avez juré que vous m'aimiez. Je vous ai interdit
l'espérance; mais si vous découvrez le meurtrier de la Louvarde...

— M'épouseras-tu? demanda Jean Paramé d'une voix ardente en
se penchant vers Rose Tréguier.

Celle-ci hésita, porta les deux mains à sa poitrine pour étouffer
les battements précipités de son cœur, puis elle répondit d'une voix
étouffée :

— Je vous épouserais.

Un cri d'angoisse répondit à cette parole de Rose, et la malheureuse créature, se levant du tertre sur lequel elle était assise, aperçut Gildas qui s'enfuyait.

En quittant son père, le jeune homme avait erré dans le bois voisin comme une âme en peine, n'osant se décider à quitter les Marelles, et ne pouvant supporter l'idée d'y vivre séparé de sa fiancée.

Après avoir rappelé le calme dont il sentait un si grand besoin, Gildas suivit machinalement la route conduisant au *Moulin des Trépassés*. Il allait lentement, longeant une haie haute et drue, quand le bruit de deux voix connues parvint à son oreille. Il s'arrêta, douloureusement surpris, et, malgré lui, il entendit ce que disaient Rose et Paramé.

Alors perdant la tête, ne voulant pas chercher si la jeune fille accomplissait un acte héroïque en donnant sa parole à Jean de devenir sa femme s'il lui aidait à trouver le meurtrier de la Louvarde, il regagna la ferme de Kermoël.

Pour lui toute chose venait subitement de changer d'aspect.

Au lieu de voir dans son père un tyran imposant une volonté opposée au vœu de son cœur, il lui sembla tout à coup que le vieillard, ayant mieux deviné le caractère changeant de Rose, tentait de le préserver d'un malheur en s'opposant à son mariage.

Ce cœur si doux s'emplit d'une douleur mêlée d'un besoin de vengeance. L'idée de prendre Marie la Rousse pour femme et de l'épouser avant que Rose devînt la femme du colporteur entra dans sa pensée. En même temps, comme tous les cœurs tendres subitement et profondément froissés, il éprouva le besoin impérieux de réparer sa dureté à l'égard de son père. Il gagna rapidement la grande salle et trouva Jacques Kermoël renversé dans un fauteuil, les bras pendants, la face bouleversée.

— Mon père! s'écria Gildas en se précipitant vers Kermoël.

Il attribuait à sa conduite l'affaissement douloureux du vieillard, et prit pour la violence de la douleur paternelle l'épouvante dans laquelle les révélations de Jean venaient de jeter le fermier.

— Mon père, répéta-t-il, je viens vous demander pardon... Dites-moi seulement que vous m'aimerez, que vous me consolerez, car j'ai besoin d'être consolé... Je ne puis ni ne dois attrister votre vieillesse... J'épouserai Marie la Rousse, et j'essaierai de trouver dans votre contentement la compensation de mes regrets.

— Ah! tu consens? demanda Jacques.

— Oui, mon père.

Gildas s'attendait à une explosion de reconnaissance; Kermoël se contenta de lui serrer la main.

— Je te remercie, mon fils, dit-il d'une voix brisée ; oui, je te remercie de ta condescendance, je n'en abuserai pas... Ce pays nous a été fatal, nous le quitterons... Tu renonceras à voyager, tu es riche, nous demeurerons ensemble, je t'aimerai bien. Ta mère est morte fort jeune... Les pères savent moins bien aimer que les femmes.

— Oui, nous partirons, répondit Gildas, j'aime mieux cela. Les souvenirs du passé m'étoufferaient ici...

Le vieux Kermoël se leva, rassemblant son énergie et s'efforçant de retrouver la lucidité de ses idées.

— Nous irons loin, très loin... Je veux m'embarquer avec toi...

— Mon père! mon père! dit Gildas ; je l'aimais tant !

Le père et le fils s'étreignirent les mains, et chacun d'eux sentit s'alléger les fardeaux si divers qui en ce moment oppressaient leurs âmes.

Son regard aperçut un homme se glissant dans la lande. (Voir page 81.)

CHAPITRE VII

LA FILLE ERRANTE

A partir du moment où les gens des Murelles prouvèrent à Yves Tréguier qu'ils ne rendaient pas à son égard un verdict d'acquittement, Rose, sans réfléchir aux difficultés de l'entreprise qu'elle allait tenter, se jura de renoncer non seulement au bonheur, mais

7

à la tranquillité, afin de parvenir à sauver la réputation de son père du naufrage dans lequel elle avait sombré !

Jusqu'à l'heure de l'horrible catastrophe de la lande, Rose Tréguier avait vécu dans une atmosphère de joie paisible. Son père, reportant sur elle la tendresse qu'il avait jadis vouée à la pauvre morte, fit de Rose l'unique idole de son cœur. Sa beauté, sa grâce, devinrent autant d'attractions dont il usa pour gagner et garder près d'elle les cœurs affectueux.

L'intelligence hors ligne de Tréguier, son génie musical, eurent encore pour résultats d'adoucir et d'affiner le caractère et les goûts de la jeune fille. Sans le savoir, sans s'en rendre un compte exact, elle vécut dans un milieu poétique et y prit cette fleur de grâce qui est au cœur comme à l'esprit la poussière d'or couvrant les ailes du papillon.

Quand le malheur s'abattit sur elle, semblable à un milan qui fond sur sa proie, on eût dit qu'il la devait briser à jamais et lui enlever le courage de lutter contre l'infortune.

S'il ne s'était agi que d'elle, Rose, vaincue, eût peut-être baissé la tête, mais elle se devait à son père, elle se devait à Gildas.

Tout en affirmant au jeune homme qu'elle renonçait à lui, afin de se vouer à découvrir l'assassin de la Louvarde, au fond de son âme, Rose gardait l'espérance de pénétrer le secret de la mort de la sorcière et de conserver ses droits sur le cœur de son fiancé.

Cette pensée la soutint pendant de longs mois.

Ne fallait-il point qu'elle gardât au cœur un sublime, un persistant espoir, pour subir le genre de vie qu'elle embrassait volontairement.

Rose ne retrouvait plus qu'en fermant les yeux, et bien loin dans la nuit du passé, le moulin agreste chantant au-dessus du cours d'eau, tandis que des cascades transparentes et sonores glissaient sur les palettes de la grande roue.

La porte de sa chambre restait close désormais; elle n'en franchirait plus le seuil. Au lieu du coquet costume pour lequel jadis elle trouvait n'avoir jamais assez de dentelles et de rubans, elle portait une méchante jupe déchiquetée par la lande et les ajoncs. Elle oubliait de couvrir ses cheveux de coiffes de linon aux grandes ailes, elle en formait à la hâte une lourde tresse qu'elle laissait pendre sur ses épaules. Son front brunissait aux intempéries de l'air, ses mains se hâlaient, sa taille seule gardait sa sveltesse et sa grâce, même sous ses haillons. Elle marchait pieds nus dans la poussière de la route, sans se soucier des ronces et des cailloux. Sa vie semblait désormais résider en dehors d'elle-même.

Les gens du pays oublièrent le chemin du *Moulin des Trépassés*, sa clientèle le quitta et Tréguier se vit obligé de se louer comme valet. On comprit ce changement brutal et subit de condition ; mais on se rendit moins compte des raisons qui portèrent sa fille à marcher sans trêve, changeant de milieu suivant sa fantaisie et de travail selon les saisons.

A l'époque des foins, elle se gagea en qualité de faneuse ; plus tard, elle fit des liens pour les gerbes, et suivit les moissonneurs armés de leur grande faux à crochet de bois. La récolte des pommes de terre lui fournit plus tard de l'occupation. Dans plusieurs fermes où elle passa en qualité de manouvrière, on lui offrit de la prendre à gages et de la garder toute l'année ; mais elle refusa, toucha son salaire et quitta les maisons où sa douceur, sa bonté, sa tristesse, la faisaient tout de suite aimer.

On ne tarda point à remarquer que loin de rechercher les gens à l'esprit sérieux, aux habitudes tranquilles, elle affecta, elle si réservée jadis, de s'entretenir avec des voyageurs, des moissonneurs étrangers. Elle entrait volontiers dans les cabarets, s'asseyait à une table, se faisait servir un repas modeste et restait souvent pendant de longues heures, la tête plongée dans ses mains, prêtant une oreille attentive à ce qui se disait autour d'elle. Si tout à coup l'on parlait d'une aventure sinistre, d'un crime commis, Rose se rapprochait comme si elle se sentait attirée par une force invincible. Alors elle questionnait les causeurs, son visage s'enflammait, elle paraissait prise d'un subit accès de fièvre.

On répéta pendant plusieurs semaines aux Murelles que Rose Tréguier s'était alliée à une troupe de Bohémiens, parce qu'on l'avait vue durant une semaine accompagnant les propriétaires d'une *Maringotte* qui allaient d'un lieu à l'autre dans leur maison roulante, les hommes faisant des tours d'adresse, les femmes tirant la bonne aventure.

Rose n'ignorait point qu'on l'appelait dans le pays la *Fille errante ;* elle acceptait le calice et gardait encore la force de sourire.

Pendant l'été cette ère de vagabondage fut presque supportable, le travail ne lui manqua pas. Tout en poursuivant son but, il lui fut, du reste, facile de vivre de sa vie solitaire.

Les bois cléments abritaient à la fois les oiseaux sur les hautes branches et la *Fille errante* sous leurs ramures.

Rose dormait en paix sur la verdure étalée au-dessous des grands chênes, et lavait ses pieds nus dans l'eau courante des ruisseaux.

A l'abri des grandes meules de foin parfumé, elle se reposait d'une longue marche et regardait s'allumer les étoiles dont la clarté lui paraissait être une promesse d'en haut.

Plus tard, elle se coucha près des javelles bruissantes, gardée par la Providence qui protège les enfants; mais à mesure que la saison devint rude, Rose souffrit davantage. Le paysan soupçonneux ouvre avec peine sa maison ou sa grange aux voyageurs. Puis le travail devint rare. Parfois elle obtenait qu'on la gardât pour coudre les vêtements des femmes, tricoter les bas des enfants; mais le plus souvent on s'enquérait d'un air soupçonneux du pays où elle était née, de la situation de sa famille. Sa beauté, plus touchante que jamais, éveillait des soupçons outrageants. Jamais elle ne parut les deviner; sa fierté surpassait encore sa vertu ombrageuse; elle s'éloignait des gens méfiants et reprenait sa course. Mais combien de fois erra-t-elle le long des routes sans abri et sans pain.

Encore les souffrances physiques étaient-elles les moindres qu'elle eût à supporter. Ce qui faisait davantage saigner son cœur meurtri, c'était de se dire que peut-être les sacrifices qu'elle multipliait resteraient stériles, que son père n'en vivrait pas moins déshonoré. Que gagnerait-elle à cette hasardeuse entreprise, sinon de laisser le long des chemins un lambeau de sa bonne renommée. Le nom de la *Fille errante* lui resterait. On lui reprocherait comme crime ses mœurs de vagabondage. Après l'avoir défendue, admirée, Gildas lui-même en viendrait à douter d'elle.

Gildas !

Ce nom rouvrait la plaie vive qu'elle portait au cœur. Elle avait bien pu répéter au jeune marin :

— Oubliez-moi, je renonce à une existence honorée, heureuse, près de vous, pour me vouer à une entreprise que ma piété filiale regarde comme sacrée...

Elle n'avait pu tuer dans son cœur le souvenir du jeune homme, il y restait debout, persistant et vainqueur. Elle tentait de le chasser, il semblait céder, mais subitement il revenait plus fort, plus absorbant plus tyrannique. Si la pauvre Rose voulait garder sur son épaule la croix qui la meurtrissait, elle ne pouvait empêcher que le poids en devînt si lourd qu'elle tombât souvent écrasée.

Alors elle courait vers la ferme où Tréguier avait trouvé du travail.

Elle se jetait dans ses bras, elle revivait sous ses caresses; elle versait dans l'âme endolorie de son père le trop plein de son cœur. Elle opposait à son amour pour Gildas sa tendresse pour le malheureux qui n'avait plus qu'elle au monde. Elle lui racontait ses courses sans fin, ses espoirs déçus, ses espérances renaissantes. Elle le relevait par sa jeune vaillance, le questionnait pour la centième fois sur ses rapports avec la Louvarde, sur la scène rapide qui s'était passée dans la lande. Puis elle ouvrait devant lui le vieux volume des *Évangiles* et répétait :

— Le secret de votre honneur est là !

Tréguier multiplia vainement les prières pour obtenir que sa fille vînt habiter la même ferme que lui.

— Mon père, répondit-elle, tant que j'en garderai la force, je resterai ce que je suis devenue : la *Fille errante*, presque aussi effrayante la nuit que les *Lavandières*, pour les voyageurs qui me regardent passer.

Tréguier acceptait comme des heures de bénédiction du Ciel les visites de sa fille. Elles lui donnaient le courage de souffrir, si elles ne lui communiquaient pas le courage d'espérer.

Après avoir recueilli les demi-confidences de Paramé, avoir entendu les cris de Gildas, plus douloureux encore qu'un adieu, l'infortunée éprouva le besoin de puiser près de Tréguier une force qui lui faisait défaut à cette heure.

Les jours étaient courts, les travaux de battage retenaient les travailleurs dans les granges. On avait fini les labours, et l'on se préparait pour les semailles. Rose était sûre de trouver son père à la ferme. On se montrait pour lui rempli d'attentions et de bonté, et il n'eût tenu qu'à Rose de partager sa vie. Tréguier avait une petite chambre où il couchait seul, faveur très jalousée par les autres valets.

On battait du blé quand Rose Tréguier entra dans la ferme des Ormes.

Aussitôt que son père l'aperçut, il jeta son fléau et courut à elle les bras tendus :

— Toi ! dit-il, toi !

— Vous ne m'attendiez pas?

— Non, pas si vite... Sais-tu donc du nouveau ?

— Non, fit-elle, ou, du moins, ce que j'ai appris ne me suffit point, mais il me semble que, en fouillant dans vos souvenirs, vous pouvez me venir en aide et me fournir des renseignements utiles.

— Que veux-tu savoir?

— Répétez-moi ce qui vous a été raconté relativement à l'origine de la fortune de Jacques Kermoël.

Le meunier leva sur sa fille un regard inquiet.

— Sais-tu ce que tu me demandes, Rose?

— Je le devine, du moins.

— D'accuser le père de Gildas.

— Gildas ignore donc ce que vous allez m'apprendre?

— Oui, car Gildas est l'honneur même.

— C'est pour cela que je l'aime, murmura la jeune fille.

Le meunier reprit :

— Je suis arrivé trop tard dans le pays pour avoir connu Kermoël non pas absolument pauvre, mais dans une situation modeste. Ce sont donc les anciens du bourg qui m'ont parlé de ce que je vais te dire, et moi qui sais ce que vaut une calomnie, je te supplie de ne pas rendre le fils responsable de l'accusation qui pèse sur le père, accusation si vague que la justice ne chercha point à l'approfondir.

— Après, père, après...

— Kermoël vivait sur un petit bien : six journaux de terre, à peu près... La pauvreté semblait un aiguillon à son ambition, et on l'entendait répéter souvent : « Quand serai-je riche? » — Il le disait journellement. Un oncle qu'il avait dans le Poitou mourut à point pour permettre à Jacques de donner cet héritage pour source de ses richesses; mais dans la nuit même de son retour aux Murelles, un étranger, marchand de bœufs, revenant de la foire de Lamballe, fut assassiné dans la lande du menhir...

— Du menhir contre lequel s'adossait la maison de la Louvarde?

— Oui, ma fille.

— Et l'on affirma dans le pays...?

— Que Kermoël trouva sur le corps de l'homme assassiné plus d'or que dans les bahuts de son vieil oncle.

— Le soupçonna-t-on d'avoir assassiné le voyageur?

— Les bruits qui circulèrent à ce sujet furent très vagues. Jacques pouvait presque fournir un alibi. Rien ne prouvait que son oncle ne lui laissait que des liards au fond d'un vieux bas... Les paysans sont madrés et défiants. Il en est peu qui n'aient leurs cachettes. La justice chercha, s'égara, finit par ne rien découvrir, et la mort du marchand de bœufs resta comme une légende de plus dans le pays... On en fit dans le temps une complainte, et je me souviens de l'avoir entendu chanter à la Louvarde devant la porte de la grange de Kermoël.

— C'était bien hardi, reprit Rose; la Louvarde se sentait donc assez forte pour braver Kermoël en face?

Après être restée un moment silencieuse, Rose reprit :

— La Louvarde habitait-elle la lande quand le crime y fut commis?

— Oui, ma fille. A l'endroit même où tomba jadis le voyageur, la Louvarde fut assassinée à quarante ans de distance.

— Étrange coïncidence... On croirait que la main de Dieu a vengé un crime par un autre.

— Que veux-tu dire?

— Mon père, répondit Rose d'une voix étouffée, je comprends à peine moi-même le chaos d'idées qui soudainement ont envahi mon cerveau. Il me faudra du temps pour trouver le mot d'une énigme terrible, à moins que ce soir même Dieu fasse la lumière au milieu de ces ténèbres.

— Comment peux-tu l'espérer?

— Pouvez-vous m'expliquer la grande fortune de la Louvarde?

— On l'attribue à la vente de ses remèdes mystérieux.

— Savez-vous sur quoi se fondait l'empire qu'elle exerçait sur Jacques Kermoël?

— Non, répondit le meunier.

— Mon père, fit Rose en se levant, la Louvarde devait compter au nombre des secrets sur lesquels se basait sa fortune, celui de la mort du marchand de bœufs... La Louvarde n'est plus, mais qui sait si elle n'a point laissé à un autre le moyen d'effrayer un homme vaguement soupçonné.

— Tu penserais que...?

— Je ne pense rien, mais je veux savoir, et je saurai. Il suffit souvent d'un mot, d'un signe, pour révéler les secrets d'une situation. Vous venez de confirmer un soupçon qui me tourmente depuis ce matin.

— Ne peux-tu donc m'en apprendre davantage?

— Oh! père! père! si vous aviez su heure par heure, jour par jour, ce que j'avais l'intention de faire, ne m'auriez-vous pas toujours empêchée d'agir?

— Oui, répondit le meunier, je remplirais mon devoir de père; quel que soit le résultat de tes démarches, ne sera-t-il pas trop chèrement payé au prix de ton bonheur, de ta santé, de ta réputation peut-être ! Dieu m'a donné un ange en toi, mais le monde ne croit pas toujours aux anges ! Tu devais me promettre d'en finir avec cette vie désolée, si tu le veux nous quitterons ce pays, nous irons bien loin chercher le bonheur et l'estime que nous méritons. En poursuivant la réhabilitation de ton père, ne poursuis-tu pas un véritable rêve ? J'aime mieux les caresses que le respect du monde. Il me suffira que Dieu voie mon innocence et que tu en restes certaine. Nous nous expatrierons, et Gildas deviendra mon fils.

— Si mes pressentiments ne me trompent pas, mon père, demain je vous répondrai.

— Tu me quittes, Rose ?

La jeune fille se leva.

— Soyez tranquille, vous me reverrez bientôt.

Rose serra son père dans ses bras avec une énergie singulière, puis elle quitta la ferme des Ormes et entra au *Moulin des Trépassés*.

D'habitude elle regardait cette demeure, dans laquelle jadis elle avait été si heureuse, comme un paradis dont elle se trouvait bannie. Elle semblait avoir peur d'y rentrer, et de voir ses jeunes souvenirs se lever en foule pour l'accabler. Loin de l'encourager dans sa lutte, les fantômes des jours évanouis l'eussent peut-être arrêtée. Cette fois elle paraissait les défier avec une vaillance inaccoutumée ; elle remit en ordre la maison, enleva la poussière des meubles comme si bientôt elle y devait venir habiter, toucha les objets familiers ; puis quand elle se sentit lasse de ce travail ou trop absorbée par des pensées nouvelles, elle s'assit dans un fauteuil de paille, et demeura muette, le regard perdu, suivant distraitement l'aile rapide des hirondelles rasant le sol pour aller ensuite se perdre dans le ciel bleu.

Quand la nuit tomba, la *Fille errante* se releva, calme, froide, ferma les portes du moulin ; puis, suivant un chemin détourné, elle se dirigea vers la lande.

Elle avait au fond de son âme la conviction que Jean Paramé connaissait le secret de l'assassinat du marchand de bœufs ; et par un instinct qui ne la trompait pas, elle cherchait le fil tenu reliant ce premier crime commis à celui dont son père avait été accusé.

Certaine de son empire sur Jean Paramé, elle venait le supplier de lui révéler ce qu'il savait, et lui offrir sa vie en échange de cet aveu.

Les mots que la veille il avait laissé échapper dans l'ivresse lui semblaient remplis de révélations terribles.

Évitant de suivre la route habituelle qui eût permis à Jean de l'apercevoir de loin, Rose Tréguier prit un sentier très couvert, aboutissant à la partie la plus épaisse de la genêtaie.

La nuit était lentement descendue. Un passant qui se serait trouvé à cinquante pas de distance ne l'eût pas reconnue.

Elle marchait sans se presser, préférant n'arriver qu'à l'heure où l'obscurité serait complète. La malheureuse enfant ne pouvait s'empêcher de frissonner en songeant que par deux fois, à de longs intervalles, le sang avait coulé dans cette lande où elle allait entrer pour chercher les traces de ces deux assassinats.

Rose débouchait dans la genêtaie, quand son regard, accoutumé à discerner les objets au milieu de la nuit, aperçut un homme se glissant dans la lande.

Il ne marchait point à la façon d'un voyageur se dirigeant vers un but. Sa démarche trahissait la crainte. Son regard interrogeait l'espace. La nuit s'épaississait autour de lui; et l'on eût dit qu'il redoutait quelque clarté mystérieuse. Ce n'était point Paramé rentrant dans le logis de la Louvarde, car le colporteur gardait dans toutes les circonstances une allure décidée et presque hautaine.

Quel pouvait être l'homme avec qui Jean Paramé avait cette nuit-là un mystérieux rendez-vous?

— Il m'a dit ce matin: « Ma fortune sera faite demain! » — L'homme qu'il attend doit être l'instrument de cette fortune. On ne vend cher que des secrets terribles. Je connaîtrai celui que Jean Paramé estime vingt mille francs.

Se glissant alors au milieu des genêts, Rose Tréguier pénétra dans la lande.

L'homme allait tout droit vers la cabane de la Louvarde.

Rose Tréguier, au contraire, la tournait en se dirigeant du côté du menhir.

Toutes les précautions avaient été prises par la Louvarde pour rendre sa maison inaccessible à la curiosité des gens du pays. Après la porte à claire-voie qui la fermait, cette cabane possédait une seule fenêtre, placée de telle sorte qu'on ne pouvait y jeter un regard inquisiteur. Elle se trouvait percée au-dessus du menhir, et la superstition entourait cette pierre de trop de crainte et de respect pour qu'il vînt à l'esprit des gens les plus hardis d'essayer de pénétrer les mystères de la maison de la Louvarde.

Mais Rose ne craignait pas les sorciers, elle ne redoutait point les poulpiquets, et, bien décidée à savoir ce qui se passerait, sinon ce qui se dirait dans la maison de la Louvarde, elle résolut de monter sur la pierre druidique afin de plonger dans la chambre où Jean Paramé devait attendre son mystérieux visiteur.

La pierre s'élevait droite, presque lisse; il était d'une difficulté extrême de parvenir à son sommet. Si ses pieds manquaient de point d'appui, ses doigts s'écorchaient sur le granit ; mais la volonté doublait les forces de la jeune fille, elle brisa ses ongles, elle déchira ses mains délicates, et, se haussant à la force des poignets, elle parvint jusqu'au sommet du menhir.

Alors elle rampa sur la pierre qu'avaient lustrée les eaux du ciel, et que doraient des mousses bizarres ; puis s'allongeant comme une couleuvre elle approcha son visage de la fenêtre étroite.

Elle aperçut alors Paramé assis en face de Jacques Kermoël.

Une différence marquée se trahissait dans l'attitude de ces deux hommes.

Le fermier, si fier d'habitude, semblait inquiet et presque tremblant, tandis que Jean Paramé montrait une verve railleuse.

Renversé sur le dossier de sa chaise, il riait avec un épanouissement insolent, et paraissait jouir d'une grande satisfaction en voyant devant lui, piètre, effrayé, suppliant, un homme devant qui tout tremblait dans la commune, tant il se montrait dur pour les valets et les travailleurs, et peu pitoyable à l'égard des pauvres.

Rose Tréguier les observait avec une curiosité avide, leur attitude seule contenait une révélation.

Il lui serait impossible d'entendre les paroles qui seraient échangées entre les deux hommes, mais la mimique supplée souvent au langage, et elle espérait bien deviner le but du rendez-vous mystérieux.

Du reste, après un silence qui pesait autant à Kermoël que Jean Paramé paraissait en jouir, le fermier tira un vieux portefeuille de sa poche, l'ouvrit avec lenteur, comme si chacun de ses mouvements lui causait une douleur sourde, puis il en tira des billets de banque et les étala sur la table boiteuse qui le séparait de Jean Paramé.

— De l'argent ! pensa Rose, il lui donne de l'argent... Que peut-il donc lui payer avec une aussi forte somme ?

Elle tressaillit de la nuque aux talons.

— Son silence, murmura-t-elle, Kermoël achète le silence de Jean.

Désormais elle en savait assez. Un lien terrible existait entre eux sur le secret de l'assassinat de la Louvarde.

Quelle apparence cependant que Kermoël eût intérêt à la mort de cette vieille femme?

En ce moment, Rose Tréguier aurait avec joie sacrifié tout le bonheur de sa vie à tenir dans ses petites mains qu'elle froissait l'une contre l'autre les papiers que le colporteur venait de rendre au fermier.

Elle se demanda si elle ne ferait pas mieux de sauter en bas du menhir et d'entrer subitement dans la cabane. Mais que dirait-elle? Que réclamerait-elle?

La pauvre enfant serait incapable d'arracher à Kermoël les papiers que le colporteur venait de lui livrer? Sans doute Paramé l'aimait. Mais, elle le savait, durant la matinée il avait cherché dans l'ivresse une excitation, une force factice; qui sait si, à cette heure, la colère, la passion, ne l'entraîneraient point à quelque nouveau crime? Kermoël exigerait peut-être que Rose fût sacrifiée à leur double sûreté. La pauvre créature attachait peu de prix à la vie, mais cette existence avait, si misérable qu'elle fût, un but sacré qu'elle devait atteindre avant de mourir. Après, il adviendrait d'elle ce que voudrait Dieu. Ne pouvant vivre avec Gildas, elle se réjouirait de quitter ce monde, pourvu qu'elle y laissât son père pleinement réhabilité dans l'esprit des honnêtes gens.

Du reste, il lui fut impossible de garder longtemps l'espérance de pénétrer le mystère existant entre Paramé et Kermoël, car celui-ci, après avoir soigneusement compté et examiné les papiers, les tordit; puis, s'approchant de la résine qui brûlait entre deux branches de fer, il les brûla lentement, jeta sur le sol les papiers consumés, et en écrasa les cendres sous son talon.

Alors regardant Jean Paramé avec une terrible expression de haine :

— Je ne te crains plus, lui dit-il.

Il ouvrit rapidement la porte et franchit le seuil pour s'élancer dans la lande.

— Tu aurais tort de me braver, Kermoël, lui cria Jean Paramé, voici ton compte réglé pour l'affaire du marchand de bœufs... Mais je ne t'ai point encore parlé de celle de la Louvarde.

Un cri de rage s'échappa de la gorge de Kermoël; il fut tenté de rentrer dans la cabane, fouilla dans sa poche pour y chercher une arme, mais Jean se tenait sur la défensive, un pistolet à la main.

Le fermier s'enfuit en proférant un blasphème.

Quand il eut disparu, Jean Paramé poussa un éclat de rire.

— Riche! fit-il, me voilà riche et, si je veux désigner à Rose Tréguier le vieux Jacques Kermoël comme l'assassin probable de la Louvarde, je deviendrai le mari de cette belle fille... Demain je lui parlerai...

Il referma la porte de la cabane, et Rose, sautant en bas du menhir, se ccula dans les grands genêts et reprit le sentier conduisant au *Moulin des Trépassés.*

— C'est étrange, dit l'avocat, aux deux exemplaires manque la page 3... (Voir page 93.)

CHAPITRE VIII

LE SECRET DU VIEUX LIVRE

Les travailleurs de la ferme de Kermoël se rendaient aux champs. Les rires, les cris, les appels retentissaient, confondus et sonores. Garçons et filles se réjouissaient de reprendre le labeur de la veille.

Tout à coup un vieillard cria d'une voix cassée :

— La Mathurine va plus mal, il faut que l'un de vous aille chercher le curé et le médecin.

— Qui fera l'ouvrage de Mathurine, à cette heure, ajouta le vieillard, est-ce vous, la Jeanne?

— Ma besogne m'a été donnée par le maître. La première pau-
vresse qui se présentera acceptera peut-être bien la place de la
vieille.

— Je suis prête à la remplir, dit une voix timide.

La *Fille errante* venait d'entrer dans la cour.

Le premier mouvement des serviteurs prouva à Rose Tréguier
combien elle paraissait déchue à ces travailleurs. Il y eut de l'éloi-
gnement dans leur attitude, de l'hésitation dans leur réponse.

Ce fut le vieillard qui prit le premier la parole.

— Allons! fit-il, est-ce sa faute? Pourquoi vous montrer plus
sévère que des juges? Cela ne fera mal à personne qu'elle mange à
notre table et dorme dans un coin. Voyez comme elle est pâle et
combien elle semble souffrir...

— Quand même nous l'accepterions, dit Marion, il y a le maître.

— Si le vieux Kermoël fait semblant de refuser, M. Gildas insis-
tera. Il en tenait autrefois pour la fille du meunier.

— Qu'elle reste! qu'elle reste! firent les femmes.

Marion et Josette coururent à la *Fille errante*. Après avoir pris
leur parti de lui venir en aide, toutes deux témoignèrent une grande
bonne volonté à lui rendre service. Rose, active et vaillante, eut
en un instant tout rangé dans la basse-cour, et quand elle eut fin;
sa besogne, elle demanda si elle ne pourrait point venir en aide à
la Mathurine.

— La vraie vérité est qu'elle agonise toute seule dans un coin de
la grange, et ce sera une charité d'aller la visiter.

Rose s'approcha de la malade et s'assit à terre près de son lit de
paille.

C'était une vieille, très vieille femme, dont le visage se trouvait
tellement couvert de rides que sous ce lacis il devenait impossible
de reconnaître comment jadis on avait pu vanter la blancheur de
son teint. Ses doigts s'étaient ankylosés à la suite de longues douleurs; quand elle marchait, elle se tenait pliée en deux et ne pouvait redresser son dos courbé en arc. Mathurine semblait une de
ces ruines humaines que quatre-vingts ans de misère réduisent à
n'avoir plus que le souffle. Sa tête, renversée sur la botte de paille
qui lui servait d'oreiller, laissait voir sa face émaciée, entourée de

mèches de cheveux jaunis plutôt que blanchis ; elle semblait prête à exhaler son âme.

Quand son regard rencontra les prunelles bleues de la *Fille errante*, elle tenta de se soulever.

— C'est bien à toi d'être venue, lui dit-elle... Le monde t'a causé bien des peines ; mais je vois loin, bien loin dans le passé comme dans l'avenir, tu triompheras de tes ennemis, ma Rose, et cela te portera bonheur de venir soigner la Mathurine.

— Que souhaitez-vous de moi, bonne mère ?

— Un peu de lait frais ; c'est tout ce que je puis prendre... Merci, ma fille.

Tandis que Rose s'occupait de la malade, elle se réjouissait d'être parvenue sans peine au cœur de la place.

Depuis qu'elle avait entendu la dernière menace adressée à Kermoël par Paramé, elle gardait au fond de son cœur la certitude que Jacques était l'assassin de la Louvarde. Il l'avait tuée pour se débarrasser d'un témoin dangereux ; mais la Louvarde, en léguant ses papiers à Paramé, n'avait fait que changer le nom du bourreau de Kermoël sans adoucir en rien son supplice.

Comment parviendrait-elle à triompher des difficultés qui allaient surgir? Comment vaincrait-elle assez son cœur pour y trouver la force de broyer l'âme de Gildas? Dieu lui viendrait en aide. La souffrance qu'elle ressentait n'était cependant pas capable de l'arrêter. Tout ce qu'elle pouvait faire, c'était de prévenir Gildas, afin qu'il s'enfuît d'une maison que menaçait la foudre. Rose comptait le guetter afin de lui dire dans un suprême adieu à quel point elle l'avait aimé, et de lui expliquer qu'elle ne pouvait pas lui sacrifier la réputation de son père.

Elle ignorait que Gildas eût entendu les aveux de l'amour de Jean Paramé, la promesse qu'elle lui avait faite de devenir sa femme, et que, sous le coup de l'immense peine qu'il en avait ressentie, il avait pris avec le vieux Jacques la résolution de fuir le domaine de Kermoël.

Quand la *Fille errante* revint près de Mathurine, la vieille femme tendit avidement les mains et vida la tasse de lait en remerciant Rose d'un sourire.

Un instant après, le prêtre franchit le seuil de la grange

Rose le laissa seul avec Mathurine.

En traversant la grande cour, elle se trouva subitement en face de Gildas et de son père.

— Que faites-vous ici? demanda le vieux Jacques.

— Je suis entrée chez vous pour y chercher du travail, répondit la jeune fille d'une voix grave; une des servantes venait de tomber subitement malade, on m'a acceptée pour la remplacer.

— Cela ne se peut pas! Non. Il ne se peut pas que vous restiez ici.

— Pourquoi, monsieur? répliqua tranquillement Rose Tréguier.

— Les gens sont susceptibles dans le pays et poussent le point d'honneur jusqu'à l'exagération... Votre père garde un mauvais renom.

— Les juges l'ont acquitté.

— Vous-même...

— Moi, l'on m'appelle la *Fille errante*, c'est vrai...Mais dans mes courses lointaines, durant mes voyages sans repos, peut-on m'accuser d'avoir fait tort à quelqu'un? Tout au plus ai-je nui à ma réputation, dont je ne dois compte qu'à Dieu et à ma conscience... Jadis, monsieur, quand vous pouviez craindre que la pauvre Rose Tréguier devînt la femme de votre fils, j'aurais compris votre répugnance à me voir dans votre maison... Mais vous savez mieux que moi qu'un mariage entre nous est impossible.

— Je ne veux pas que votre présence lui rappelle son erreur.

— J'ai besoin de travailler, monsieur, dit Rose.

— Cherchez de l'ouvrage ailleurs.

— Vous oubliez, monsieur, que je ne puis quitter les Mu elles.

— Vous devriez avoir hâte d'en partir.

— J'y resterai jusqu'à ce que j'aie trouvé l'assassin de la Louvarde, et je vous jure, monsieur, que Dieu le livrera entre mes mains.

— Qui vous le fait croire?

— La certitude que j'ai de sa justice. Quoi! depuis plus d'un an je vis dans les larmes et l'angoisse, errant par les chemins, couchant dans les feuillées, mendiant quand l'ouvrage me manquait, tout cela afin de découvrir l'assassin de la Louvarde, et je ne le trouverais pas! Rendue hardie par le sentiment qui me fait agir, je ne m'effraie ni des revenants du cimetière, ni des poulpiquets, ni des korrigans que l'on affirme avoir trouvés dansant dans les landes au clair de la lune... Hier au soir, qui m'aurait vue dans la genê-taie aurait pu me prendre pour un fantôme, car je suis sortie tard de la lande après m'être endormie sur le men ir.

Le regard de Jacques Kermoël sembla vouloir percer le cœur de Rose, afin d'y lire ce que taisait la jeune fille.

Rose se tourna vers Jacques Kermoël :

— Dois-je encore partir?

— Non, dit le vieillard, restez.

Rose jeta un regard rempli de pitié sur Gildas, qui ne put comprendre ce que signifiait ce regard.

Un moment après, la jeune fille retournait près de la malade.

Le médecin avait déclaré qu'il n'y avait rien à faire, tout en conseillant d'adoucir l'agonie de la vieille femme. Les exigences de la vie rurale retinrent tout le jour au dehors les gens de la ferme, et ce fut avec peine que Rose trouva le temps de revenir dans la grange auprès de la mourante.

Le soir lui rendit sa liberté, et elle rejoignit la vieille femme.

L'une des servantes, mue par un sentiment chrétien, fouilla dans la maison de Jacques Kermoël et revint en apportant un crucifix de cuivre et un vieux livre :

— Tenez, dit-elle; le crucifix appartenait à la femme de Jacques, et le livre était un de ceux qu'elle portait à l'église. Vous consolerez la Mathurine en lui en lisant quelques passages.

Rose prit les deux objets; la malade tendit ses mains décharnées pour saisir le crucifix, puis elle murmura d'une voix faible : « Lisez... »

Rose ouvrit le volume : c'étaient les *Évangiles*.

Le volume était de la même grandeur et semblait imprimé avec les mêmes caractères que celui qu'elle gardait dans son bissac; mais il se trouvait en moins bon état de conservation. La fin du livre manquait même d'une façon presque complète; le bouquin, délaissé sur une tablette de la cheminée, servait à allumer les pipes des fumeurs. Rose chercha un chapitre pouvant convenir à la situation de la malade; mais la table faisait défaut. Elle fut obligée de feuilleter le livre depuis le commencement.

Elle tressaillit soudain en voyant que la page 3 manquait. .

La page TROIS ! cette page qui se trouvait également en moins dans le volume que lui avait légué sa mère ! Une bouffée chaude lui monta au cerveau. Elle eut l'intuition rapide que tout le drame de l'assassinat de la Louvarde se trouvait compris dans ces deux feuillets. A la faible lumière d'une lanterne d'écurie fixée à la muraille, elle tira de son bissac son pauvre vieux volume et se prit à le comparer à celui de Jacques Kermoël.

Plus elle regardait, plus ils lui paraissaient semblables. La page qui manquait au livre de Rose avait causé l'accusation contre son père... Et cependant, tout pouvait s'expliquer...

— Lisez ! lisez ! répéta Mathurine d'une voix dans laquelle vibrait une profonde angoisse. Je vais mourir, et j'ai besoin d'entendre parler de miséricorde.

Rose Tréguier oubliait l'agonisante, et sa pensée se reportait sur son père avec l'obstination de l'espérance. Durant une minute, elle eut l'égoïste tentation de s'enfuir en emportant les deux volumes, de courir à Vannes, chez l'avocat de son père... Mais son regard tomba sur la mourante ; elle eut pitié de cette pauvre âme dont le Seigneur attendait le dernier souffle, et, avec un courage qui lui devait mériter une récompense magnifique, elle ouvrit le livre et commença sa lecture.

En même temps que les paroles du livre faisaient refleurir dans l'âme de l'agonisante les espérances divines qui s'épanouissent près des tombes, le cœur de Rose se calmait, son front perdait sa fièvre.

Quand elle ferma le livre, elle trouva dans son propre cœur des paroles qui apaisèrent les inquiétudes de la pauvre âme près de s'envoler. Sous l'influence des consolations de Rose, Mathurine ferma les yeux et s'absorba dans une dernière prière d'espérance. Puis elle leva la main qui tenait le crucifix, fit le geste de bénir, et murmura :

— Ton père... Rose, ton père réhabilité... heureux...

Ce fut tout. Par cette prophétie, l'humble femme payait sa dette à celle qui l'avait consolée.

A l'aube, quand un rayon de soleil se glissa à travers la haute fenêtre, les yeux de Mathurine s'ouvrirent pour la dernière fois ; mais ses paupières ne s'abattirent point sur ses prunelles vitrifiées, et les mains pieuses de Rose durent les fermer.

Elle sortit de la grange après avoir jeté le drap sur la figure de la morte.

En traversant la cour, elle aperçut Gildas.

Un tremblement terrible la secoua. Ce qu'elle voulait faire pouvait être l'arrêt de mort de ce jeune homme qui l'avait profondément aimée, et qui ne renonçait à elle que parce qu'il la croyait prête à devenir la femme d'un autre. Elle comprit que Gildas souhaitait lui parler ; de son côté, elle sentait le besoin de prévenir le malheureux du coup qui allait le frapper.

Aussi, loin de le fuir comme elle l'eût fait la veille, fit-elle quelques pas au devant de lui.

— Je vais partir, dit Gildas, emportant au cœur la blessure que vous y avez faite ; mais je vous ai trop aimée pour ne point souffrir

encore de vos douleurs, Je vous ai laissé voir combien je compa-
tissais à l'épreuve que subit votre père...

— Oui, dit Rose, dont le front se couvrit de pâleur, vous avez été
bon pour moi... Je m'en souviens... Certes, il ne me sera pas permis
de m'arrêter dans ma tâche ; mais je ferai, pour adoucir le coup qui
vous frappera, tout ce que peut une créature dont vous avez été,
dont vous serez la dernière tendresse...

— Rose! s'écria Gildas, Rose! que dis-tu?...

— La vérité! répondit-elle.

Tous deux se regardèrent longuement, fixement.

— Vous ne m'aimez plus, dit Gildas, vous ne m'aimez plus,
Rose... Je ne sais et ne veux savoir que cela... J'aurais fait bon
marché de l'opinion des envieux des Murelles pour vous posséder,
j'aurais désobéi à mon père ; mais vous préférez Jean Paramé.

Rose Tréguier secoua la tête.

— Je suis fière, lui dit-elle, et l'excès de mon malheur rend aujourd'hui mon orgueil plus fort que mon amour. Je ne voulais point
que vous me fissiez une grâce en m'épousant, Gildas Kermoël. Pour
avoir douté de moi, vous vous êtes rendu indigne de moi... Changez
pour un moment les rôles, supposez que mon père soit reconnu
innocent par les habitants des Murelles et que la voix publique s'élève
contre votre père ; quand vous auriez fait plus que moi pour arriver
à la connaissance de la vérité, jamais je n'aurais douté de votre
honneur... Si vous connaissez plus tard la douleur qui a failli me
tuer, par quelque main que vous soyez frappé, venez à moi, qui resterai votre sœur, votre amie.

Rose Tréguier saisit la main de Gildas :

— Quand même j'aurais été, dit-elle, une créature capable de
trahir mes promesses, il fût resté au fond de mon âme un souvenir
que rien n'aurait pu en arracher. Je me serais rappelé que vous
m'avez redemandée en mariage le jour même où les gens de ce
pays, plus sévères que la loi, déclaraient à mon père qu'ils ne le te-
naient pas pour innocent... Votre amour brava leur injustice et leur
cruauté... Et pour ce que vous me dîtes alors, je vous vouai tous
les battements de mon cœur, jusqu'au dernier...

— Pourquoi me dire aujourd'hui ces choses?

— Parce que l'heure en est venue.

— C'est vrai, nous allons partir !

— Ce n'est point à cause de votre projet de départ que je trouve
l'heure opportune, Gildas... Vous saurez pourquoi plus tard, et

alors vous comprendrez que j'aie senti l'impérieux besoin de vous
répéter que je vous ai toujours estimé, que je vous chérirai toujours...

— Ai-je assez souffert de votre dédain !

— Vous dédaigner, moi?

— Vous avez promis à Paramé de devenir sa femme.

- Vous m'avez suivie, épiée ; c'est mal !

— Je ne vous épiais point, je vous suivais, comme un homme
dévoré par un chagrin amer cherche celle qui peut lui rendre l'espérance et la vie. J'avais besoin de vous voir, de me sentir rassuré.
N'avais-je pas à soutenir une lutte terrible entre ma foi en vous et
les calomnies qui vous poursuivaient ? Je venais donc, poussé par
une force irrésistible vers le *Moulin des Trépassés*, où je pouvais
espérer vous voir... Jean Paramé m'y avait devancé... Et je vous
entendis jurer de l'épouser... comme si jadis vous ne m'aviez pas
été fiancée...

— Ah! dit Rose, vous savez combien je me trouvai heureuse le
jour où nous échangeâmes des promesses... Alors je n'étais que
pauvre, et tout pouvait s'arranger. Quand je fis à Paramé un autre
serment, c'est qu'il venait de me dire que, si je lui sacrifiais ma vie,
il rendrait l'honneur à mon père...

— Lui !

— Lui, et il le pouvait.

— Vous êtes donc à jamais perdue pour moi.

Rose Tréguier secoua la tête.

— Dieu est venu à mon secours ; Dieu m'a sauvée au moment où
j'allais consommer mon sacrifice pour avoir la joie de crier devant
tous : « Mon père est innocent ! » Oui, Jean Paramé connaissait
un secret terrible, un secret plein de sang et de larmes ; mais ce
secret, loin de me le livrer comme il eût dû faire, il l'a vendu...

— Vendu !

— Vingt mille francs.

— A qui?

— A l'homme que ce secret pouvait envoyer à l'échafaud

— Un voleur, un assassin, alors...

— Ne me questionnez plus ; ce qui survient par le vouloir de la
Providence est si terrible que je ne me sens point la force de vous
le révéler... Rappelez-vous seulement que je souffrirai de tous les
coups qui vous frapperont...

— Rose, achevez ! achevez ! Je vous en conjure.

— Je ne le puis. Seulement il me reste à vous donner un conseil, partez, aujourd'hui même, sans regarder derrière vous, sans consulter votre père...

— Un mot encore, un mot, Rose.

— J'en ai peut-être déjà trop dit, fit-elle en s'éloignant.

— Je devine à travers vos paroles quelque chose d'horrible... Vous semblez menacer mon père...

— Pauvre ami! pauvre ami! et vous avez défendu le mien! Adieu! adieu!

Rose s'élança à travers la cour, la force lui manquait pour soutenir la présence et les questions de Gildas.

Elle n'eut pas un moment la pensée de courir vers Tréguier et de lui montrer la coïncidence étrange qui faisait que la page 3 manquait également aux deux volumes; il lui fallait une certitude avant de parler à son père d'un espoir si près de se changer en réalité.

Ce fut à Vannes qu'elle se rendit. Rose s'en trouvait seulement à deux lieues et elle franchit vite cette route. Elle eut le bonheur de rencontrer l'avocat qui avait défendu son père.

Avec autant de lucidité que de simplicité, elle lui raconta de quelle façon s'étaient écoulés pour elle les quinze mois qui avaient suivi le procès. Elle ne cacha ni ses souffrances ni l'espèce de mépris dans lequel elle était tombée. Elle arriva enfin au soupçon qui lui entra dans l'esprit, à la façon dont elle avait guetté, espionné le vieux Kermoël et Paramé; elle peignit l'échange des papiers contre une somme de vingt mille francs, et cita la phrase d'adieu de Jean Paramé au vieux Jacques :

— Ton compte est réglé pour l'affaire du marchand de bœufs, mais je ne t'ai point encore parlé de la Louvarde...

Rose poursuivit son récit.

— A partir de ce moment j'eus une certitude : l'assassin du marchand de bœufs avait tiré sur la Louvarde ; il fallait entrer dans la place et chercher près de Kermoël l'indice, la preuve qui me manquait... Dieu a eu pitié de moi; cette preuve, il me l'a donnée.
Elle prit les deux livres et les tendit à l'avocat.

— C'est étrange, dit celui-ci ; oui, bien étrange. A ces deux exemplaires manque la page 3... cela est vrai, mon enfant, mais le volume de Kermoël n'est plus qu'un débris informe dont chacun a enlevé un lambeau, tandis que votre livre à vous est entier moins cette page...

— Ainsi, monsieur, vous ne concluez pas...

— Je sais que votre père est innocent, mais rien ne me prouve que Kermoël soit coupable.

— Cherchez! cherchez encore, monsieur; Dieu ne peut avoir mis en vain ce livre entre mes mains.

L'avocat se leva et ouvrit le casier d'un cartonnier.

— Avec le dossier de toute cette affaire, dit-il, j'ai conservé la feuille déchirée qui servit de bourre.

Le jeune homme prit le papier, en rapprocha les déchirures du volume de Kermoël, et trouva qu'elles s'y rapportaient; mais ceci encore restait insuffisant. Penché sur la table, il étudiait lettre à lettre les deux volumes. Tout à coup il poussa un cri de joie.

— Béni soit Dieu! fit-il, j'ai trouvé.

— Quoi, monsieur? La preuve...?

— Oui, mon enfant, une preuve presque miraculeuse, tant elle est ténue, et cependant une preuve irrécusable. Ces livres publiés durant la même année, imprimés avec des caractères semblables, appartiennent cependant à des éditions différentes, ainsi que le prouve la moitié d'un mot imprimé en *italique* sur votre volume à vous, au bas de la page 2, et dont la fin devait se trouver au commencement de la page 3... Tandis que dans l'édition de Jacques Kermoël le même mot se trouve imprimé en caractères *normands...*

— Je savais bien! Je savais bien, dit Rose,

— Ainsi la bourre dont s'est servi l'assassin appartenait au volume que la servante de Kermoël vous a remis en même temps que le crucifix.

— Qu'allez-vous faire, monsieur? demanda Rose.

— Courir chez les magistrats.

— Ensuite...

— Je les accompagnerai chez Kermoël, où je vous retrouverai en même temps que votre père.

Rose, dans l'accès de sa joie, porta à ses lèvres les mains du jeune avocat.

Tandis que celui-ci se rendait chez le procureur de la République et chez le juge d'instruction, la *Fille errante* courait rejoindre son père. Elle le trouva plongé dans un profond découragement.

La dernière conversation qu'il avait eue avec sa fille, loin de relever son courage, l'avait au contraire complètement anéanti, et si grande était la prostration où le portait la pensée que l'heure de la justice ne sonnerait jamais pour lui, que Tréguier ne saisit point tout d'abord ce que sa fille lui disait au milieu de ses baisers et de ses caresses. Quand il le comprit, il se leva transfiguré et la serra dans ses bras.

A son tour il l'entraîna vers la ferme de Kermoël.

En même temps que Rose et son père entraient dans la cour, une voiture s'arrêta devant la porte de la ferme.

Quatre hommes vêtus de noir en descendirent.

Ils entrèrent dans la salle basse. Gildas s'y trouvait avec son père.

Le plus âgé des magistrats fit comprendre au jeune homme qu'il eût à se retirer, et Gildas quitta la grande pièce avec un sentiment d'effroi d'autant plus grand qu'il aperçut, appuyés contre le chambranle de la porte, Rose Tréguier et son père.

Gildas s'avança vers le meunier :

— Vous savez tout! lui dit-il ; que va-t-il advenir ici de terrible?

— La revanche de la justice, dit Tréguier.

— Je vous plains de toute mon âme! ajouta Rose, j'ai passé par cette douleur-là.

Tout à coup un grand cri se fit entendre: il fut suivi d'un mouvement et d'appels au secours. Servantes et valets pénétrèrent dans la salle où le fermier se trouvait avec les magistrats.

Jacques Kermoël gisait sur le sol.

Quand il vit entrer les magistrats, avant que ceux-ci eussent prononcé un seul mot, il comprit qu'il était perdu. Cependant, si grand était son empire sur lui-même qu'il se promit de lutter contre les accusations, même contre l'évidence. Si le juge d'instruction avait commencé par lui demander compte de la page manquant au vieux livre, Kermoël n'eût pas manqué de trouver des raisons spécieuses, mais le premier mot que lui jeta le magistrat fut celui-ci :

— Paramé vous a trahi.

Il se souvint alors de la menace du colporteur et s'imagina que celui-ci avait conservé quelque pièce compromettante, relative à l'affaire du marchand de bœufs.

Il se leva tout droit, fléchissant sur ses jambes, la face envahie par un flot de sang, puis il tomba à la renverse en murmurant :

— Le misérable! le misérable!

Ce mot seul renfermait un aveu.

Les serviteurs de la ferme s'empressèrent auprès de leur maître, et le déposèrent sur un lit, autour duquel les magistrats demeurèrent, sans permettre à Gildas d'en approcher. Un exprès envoyé à Vannes revint au bout d'une heure avec un médecin qui prononça le mot « apoplexie », saigna le vieillard, et lui rendit pour quelques minutes seulement le sentiment de ses remords et de sa honte.

Quand Jacques Kermoël ouvrit les yeux, il aperçut de nouveau ceux qui avaient pour mission de constater son crime.

A la pensée de la mort qu'il sentait couler dans ses veines, il fut pris d'un sentiment de regret passionné. L'espérance d'échapper au châtiment de la justice lui donna le besoin de réparer, avant de paraître devant Dieu, les malheurs qu'il avait causés.

Il se souleva sur son lit et dit d'une voix faible :

— Messieurs, je me meurs, faites entrer tout le monde...

Sur un signe du procureur de la République, la porte de la salle fut largement ouverte, et les domestiques, les journaliers, poussés par une curiosité violente, y entrèrent avec une sorte de tumulte.

Le mourant promena son regard sur ces hommes et sur ces femmes, puis il ajouta:

— Tréguier, Rose...

Tous deux en ce moment parurent sur le seuil.

— Tréguier, dit le moribond, pardonnez-moi; vous étiez innocent de l'assassinat de la Louvarde... Le coupable...,

Il n'acheva pas et retomba sur les oreillers.

— Dieu l'a jugé, dit le procureur de la République.

En ce moment Gildas, épouvanté de se voir interdire l'entrée de la chambre de son père, quitta le cabinet dans lequel il s'était retiré, et pénétra dans la salle mortuaire.

Rose tendit les mains vers lui :

— Gildas! pauvre Gildas ! dit-elle en posant le front sur sa poitrine.

Deux jours après on enterra dans un angle du cimetière des Murelles le misérable à qui Dieu avait épargné la honte du bourreau, et, une semaine plus tard, Tréguier, sa fille et Gildas, après avoir abandonné aux pauvres la fortune de Kermoël, prenaient passage sur le navire dont le jeune homme avait le commandement en second.

Ils allaient chercher en Amérique un bonheur que d'amers souvenirs les auraient empêchés de goûter en France.

Aujourd'hui, le *Moulin des Trépassés* s'écroule pierre à pierre dans les hautes herbes du village des Murelles.

FIN

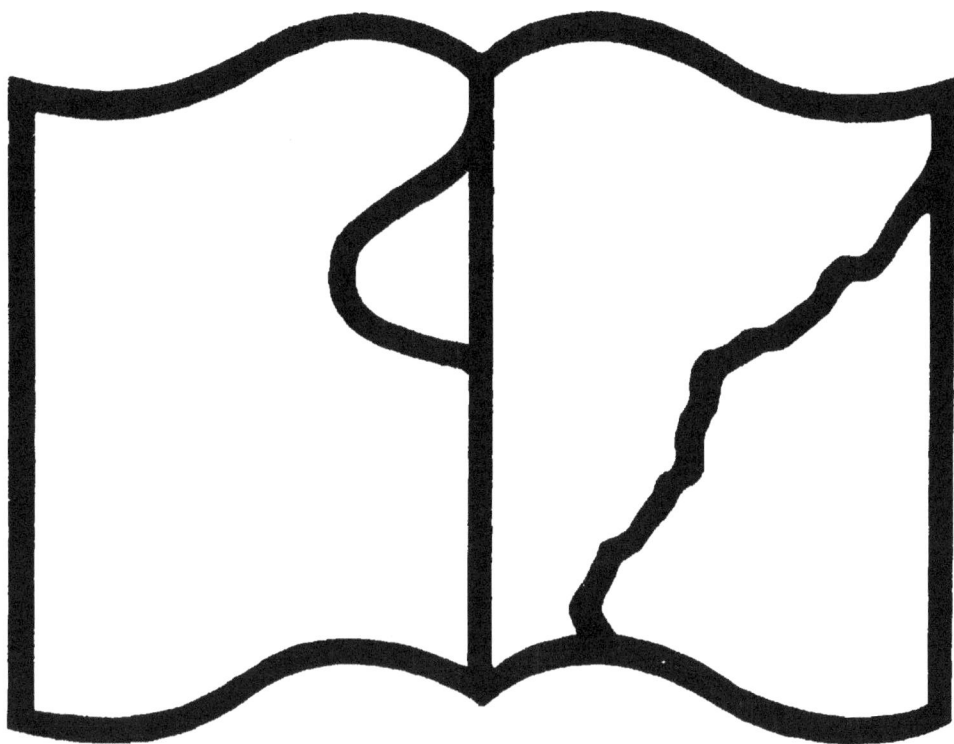

Texte détérioré — reliure défectueuse

NF Z 43-120-11

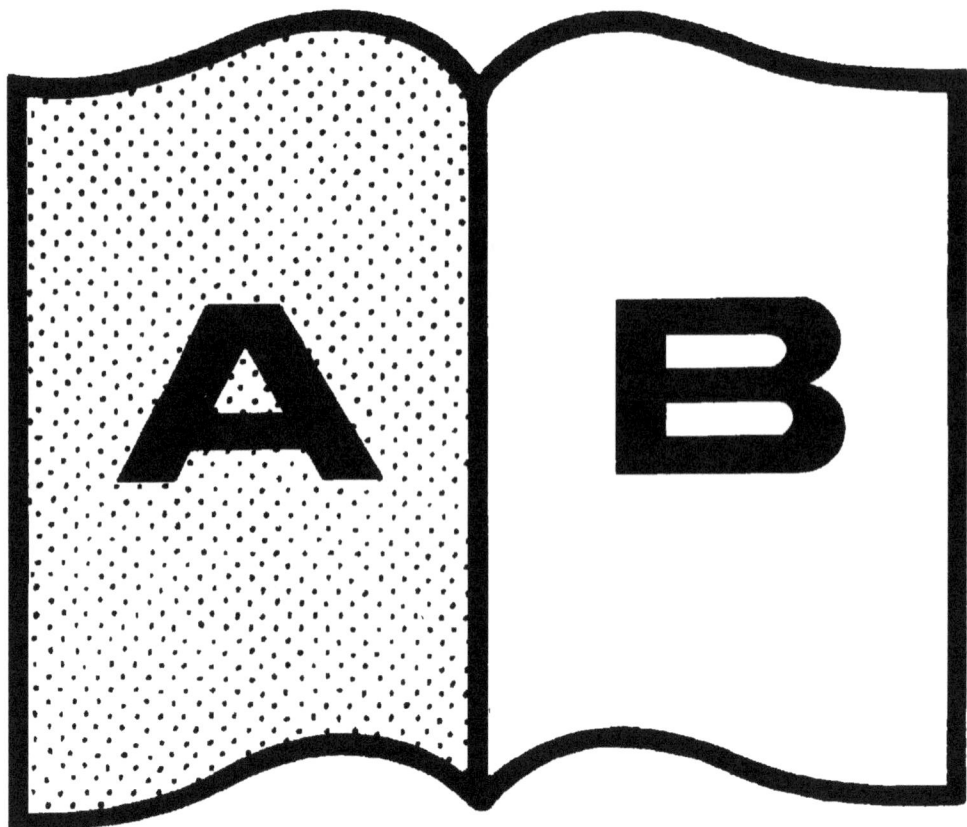

Contraste insuffisant

NF Z 43-120-14

www.ingramcontent.com/pod-product-compliance
Lightning Source LLC
Chambersburg PA
CBHW070131100426
42744CB00009B/1795